# 비상! 바이러스의 습격

## 비상! 바이러스의 습격

초판 1쇄 발행 2017년 12월 8일
초판 5쇄 발행 2022년 05월 10일

글쓴이 박상곤
그린이 이승연
펴낸이 한혁수

편집장 천미진
편　집 임수현, 최지우, 김현희
디자인 한지혜
마케팅 한소정
경영지원 한지영

펴낸곳 도서출판 다림
등　록 1997. 8. 1. 제1-2209호
주　소 07228 서울시 영등포구 영신로 220 KnK디지털타워 1102호
전　화 02-538-2913 | 팩　스 070-4275-1693
블로그 blog.naver.com/darimbooks
다림 카페 cafe.naver.com/darimbooks
전자 우편 darimbooks@hanmail.net

ISBN 978-89-6177-157-3 (74400)
978-89-6177-045-3 (세트)

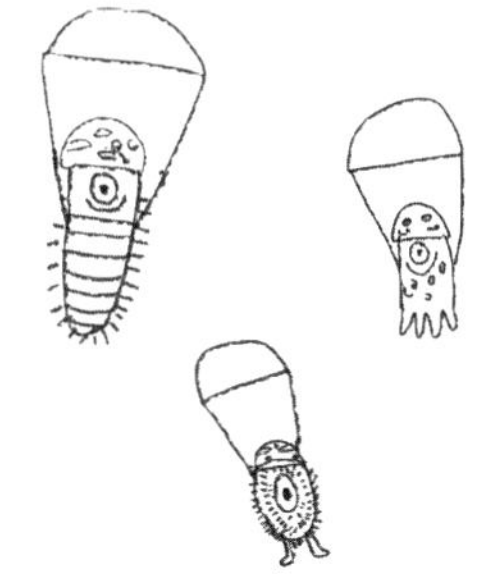

# 비상! 바이러스의 습격

박상곤 글
이승연 그림

다림

# 차례

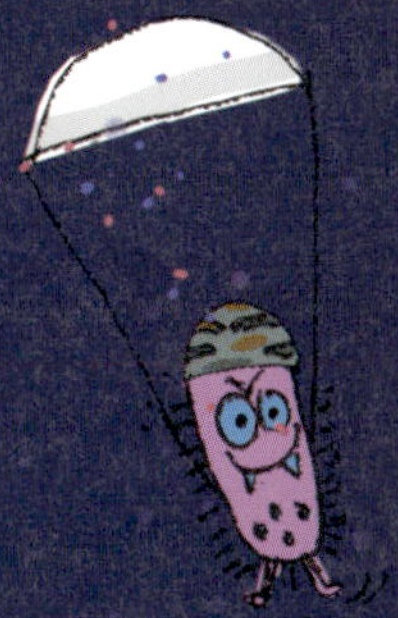



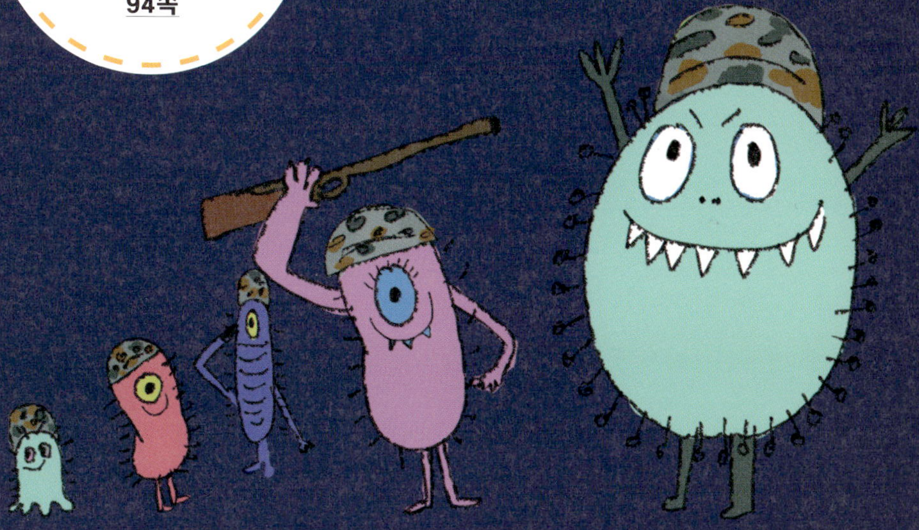

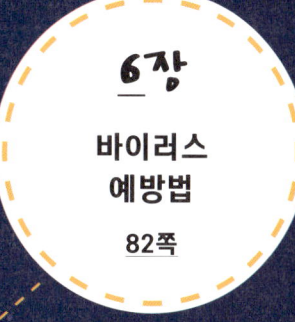

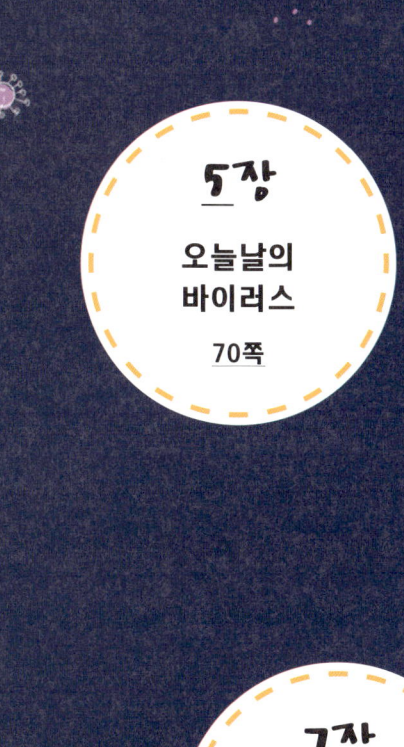

해마다 조류 인플루엔자가 발생하고 언론 매체를 통해 보도되어요. 닭과 오리 같은 조류만 걸리는 질병이 무슨 문제냐고 생각하고 있나요? 처음에는 그랬지만, 이제는 사람의 생명까지 위협하게 되었거든요. 바이러스가 왜 위험한지 자세히 알아봐요.

# 1장

# 바이러스, 왜 위험한가?

## 연례행사처럼 되어 버린 조류 인플루엔자

흰색 방역복을 입은 사람들이 줄지어 걸어가고 있어요. 영화의 한 장면이냐고요? 아니요. 2017년 6월, 뉴스에서 나온 장면이에요. 조류 인플루엔자에 걸린 닭과 오리 등을 '살처분' 하러 가는 모습이죠. 조류 인플루엔자, 또는 조류 독감이라고 들어 본 적 있나요? 조류 인플루엔자는 닭, 오리 등과 야생 조류에 감염되는 급성 바이러스 질병이에요. 병에 걸린 동물을 죽여서 사람들과의 접촉을 막는 것을 살(殺)처분이라고 하는데, 조류 인플루엔자가 확산되는 것을 막기 위한 대처법 중에 하나이지요.

"연례행사처럼 발생하는 조류 인플루엔자가 되풀이되지 않게 닭과 오리 등의 사육 환경을 대대적으로 손보겠다."

2017년 1월 20일, 우리나라 농림축산식품부 장관이 한 말이에요. 우리는 '연례행사'라는 말에 주목할 필요가 있어요. 조류 인플루엔자에 관한 뉴스가 보도된 건 이번이 처음은 아니에요. 2014년에도, 2015년에도, 그리고 2016년에도 방역복을 입은 사람들의 모습이 보도되었지요. 앞에서 농림축산식품부 장관이 한 말처럼 조류 인플루엔자는 해마다 일어나는 일이 되어 버린 거예요.

하지만 기가 막힌 것은 농림축산식품부 장관이 대대적으로 손보겠다고 말한 지 4개월밖에 지나지 않은 2017년 6월에 다시 조류 독감이 발병했다는 거죠. 정부에서는 급기야 AI(Avian Influenza, 조류 인플루엔자) '심각' 단계를 선포했지요.

조류 인플루엔자는 100여 년 전에 나타나 전 세계로 퍼졌는데, 야생 조류를 통해 전염되므로 전파 속도가 무척 빠르며, 고병원성*일 경우 조류의 치사율*은 100%에 이를 만큼 무서운 파괴력을 갖고 있습니다.
그렇기 때문에 농가에 조류 인플루엔자에 감염된 닭이 한 마리만 나와도 방역복 입은 사람들이 줄줄이 나서야 하는 비상사태가 벌어지는 거죠.

* **고병원성** 병을 일으킬 가능성이 높다는 뜻, 즉 바이러스의 증식률이 높다는 의미
* **치사율** 어떤 병에 걸린 환자에 대한 그 병으로 죽는 환자의 비율

그런데 새들에게 일어나는 일에 왜 이렇게 난리냐고요? 그건 조류 인플루엔자가 사람에게도 영향을 미치기 때문이에요. 닭과 오리를 몽땅 죽이므로 닭과 오리고깃값이 비싸져서요? 아니면, 많은 수의 닭이 죽어서 달걀의 수도 줄어들고, 그로 인해 우리 집 식탁의 주된 반찬인 달걀 프라이도 줄게 될까 봐요? 물론 그런 이유도 있겠지요. 그런데 더 심각한 문제가 있답니다.

조류 인플루엔자 바이러스에 감염되면 조류뿐 아니라 사람도 생명을 잃는다는 것을 알고 있나요? 이웃 나라 중국에서는 2016년 12월부터 2017년 1월까지 조류 인플루엔자로 죽은 사람이 무려 87명이나 된대요. '조류' 인플루엔자인데 왜 사람이 죽느냐고요? 바로 '바이러스의 변이' 때문입니다. 바이러스의 변이에 대해서는 뒤에서 자세하게 설명하기로 하고, 우선은 '바이러스'의 심각성을 먼저 알아봅시다.

## 6년의 공포

2015년 여름, 우리나라 경기도에 위치한 한 병원에서 메르스라는 병이 발병했어요. 이 병의 원래 이름은 중동 호흡기 증후군이에요. 그래서 사람들은 낯선 병명에 어리둥절하기만 했죠. 이 병에 걸린 사람도 마찬가지였습니다. 처음엔 그저 열이 나고 기침이 나서 감기인 줄 알았던 거죠. 그렇게 무시무시한 전염병이라고는 상상도 못 했고 생각조차 하지 못했어요.

2015년 여름에는 메르스로 인해서 우리나라의 크고 작은 행사들이 취소되기도 했고, 사람들은 죄다 마스크를 쓴 채 다녔답니다. 웬만해서는 사람들이 많은 곳에는 가지 않으려고 했으며, 누군가 작은 기침만 해도 놀라서 뒤돌아보곤 했지요. 그런데 이런 일이 6년 전에도 있었습니다.

2009년 미국에서 A형 인플루엔자 바이러스 중 하나가 돌연변이를 일으켜 생겨난 신종 플루가 세계적으로 크게 유행하기 시작했습니다. 2009년 4월부터 약 1년 4개월 동안, 확인된 신종 플루 사망자 수만 약 1만 8,500명이에요. 하지만 과학자들은 실제 사망자는 훨씬 더 많을 것으로 추정하고 있습니다. 이 신종 플루는 2009년 5월, 우리나라에도 상륙해서 큰 피해를 주었습니다.

여기에서 끝이냐고요? 그럴 리가요. 이런 현상이 또 있었답니다. 또 그로부터 6년 전이었죠. 2003년 홍콩을 뒤덮었던 사스입니다. 홍콩의 한 호텔에서 시작된 사스는 세계를 공포로 몰아넣었습니다. 특히 '아모이 가든'이라는 홍콩의 아파트 단지에서는 설사에 시달리던 단 한 명의 사스 감염자가 무려 321명의 주민들을 감염시켜 43명이 숨지는 일도 있었습니다. 놀라운 사실은 이 엄청난 전염의 진원지가 감염자 홀로 사용했던 화장실이었다는 점입니다.

우연인지 세계를 뒤흔들었던 전염병이 6년마다 일어났습니다. 그래서 사람들은 6년의 공포에 떨고 있어요.

그런데 이 질병들은 과연 무엇 때문에 발병되는 것이며, 어떤 차이가 있는 걸까요? 우선 이 세 가지 질병들의 원인은 모두 바이러스 때문입니다.

사스는 '사스 코로나 바이러스', 신종 플루는 'A형 인플루엔자 바이러스', 메르스는 '메르스 코로나 바이러스' 때문에 생긴 질병입니다. 그렇다면 이 질병들은 어떤 차이

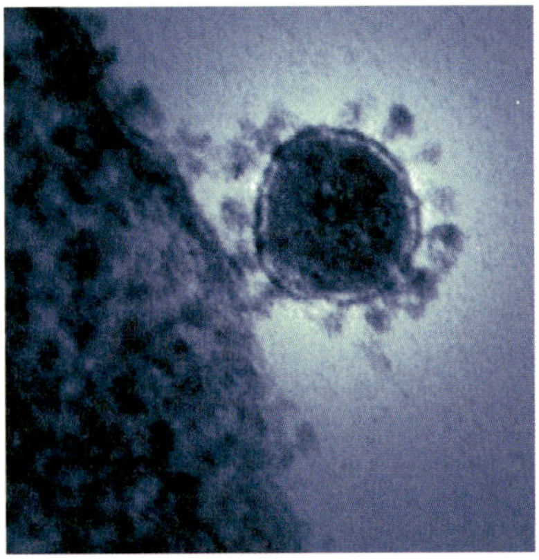

코로나 바이러스

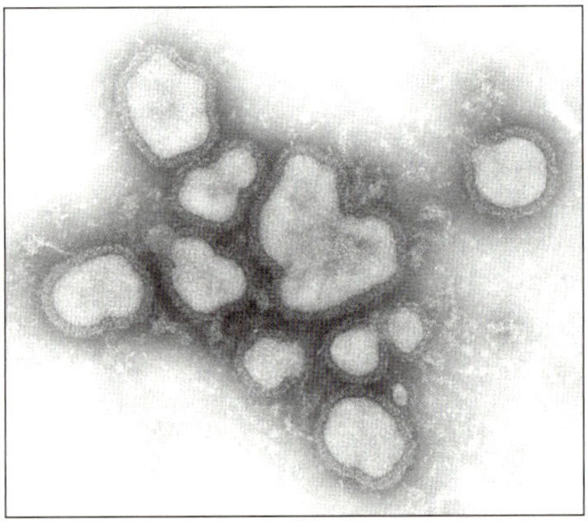

A형 인플루엔자 바이러스

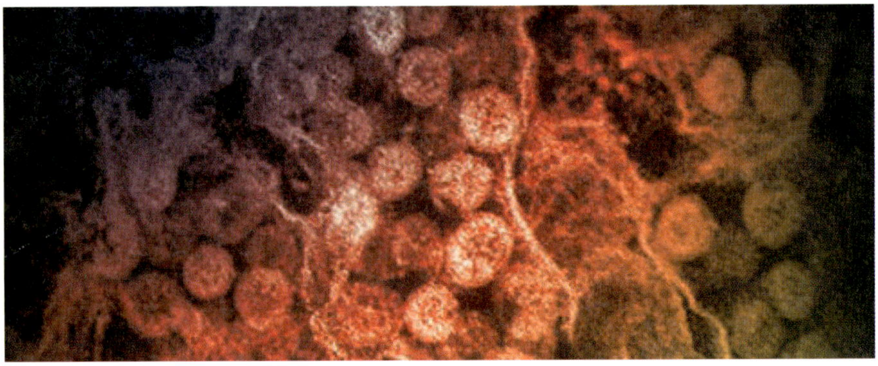



메르스 코로나 바이러스

를 갖고 있을까요? 간단하게 살펴보기로 해요.

사스(SARS)는 '중증 급성 호흡기 증후군'이라는 뜻으로 세계보건기구에서 붙인 이름이에요. 중국에서는 '비정형성 폐렴'으로 불려요. 우리나라에서는 발생 초기에 괴상한 병이라는 뜻의 '괴질'이라고 부르기도 했어요. 괴질은 특정한 병에만 붙는 이름은 아니고, 원인을 알 수 없는 병이 발생하면 일단 괴질이라고 부르지요. 사스는 2002년 11월 중국 남부 광둥성에서 처음으로 발병했어요. 이듬해인 2003년 2월경 중국과 홍콩에서 출발하는 항공기 승객들을 통해 동아시아와 북미, 유럽 등지로 확산된 것으로 추정되고 있지요. 38도 이상의 고열과 두통, 기침, 후두염 증상을 보이며 일반적인 독감 증상과 비슷해요. 하지만 심해지면 호흡 곤란을 일으켜 위험해지죠.

**Tip 세계보건기구**

World Health Organization, 즉 WHO라고 불러요. 세계의 모든 사람들이 가능한 한 최고의 건강 수준에 도달하는 것을 목표로 1948년에 설립되었습니다. 스위스 제네바에 있고 중앙 검역소 업무와 연구 자료 제공, 유행성 질병 및 전염병 대책 후원, 회원국의 공중 보건 관련 행정 강화와 확장 지원 등을 주로 하고 있어요.

신종 플루는 2009년 미국 샌디에이고에서 첫 발병해 전 세계로 퍼져 나갔어요. A형 인플루엔자 바이러스 중 하나인 H1N1형을 가리키며 신종 플루 역시 심한 독감 증상을 나타내요.

메르스는 사스와 비슷한 증상을 보여 '중동의 사스'로 불린답니다. 둘 모두 변종 코로나 바이러스에 의해 발생되며 증상이나 발병 원인이 비슷해요. 하지만 메르스는 치사율이 36.1%로 매우 높아요.

사스, 신종 플루, 메르스. 이들 세 바이러스는 상당히 많은 공통점을 갖고 있어요. 몇 가지만 살펴볼까요?

첫째, 감염 초기에는 열이 나고 기침이나 오한 등 일반적인 감기 증상을 보이다가 폐렴이나 호흡 장애 등의 합병증을 일으켜 심하면 사망에 이를 수도 있다는 것이지요.

둘째, 전체 환자의 4분의 1정도에게서 설사와 구토 같은 소화기 질환 증상이 나타나요.

셋째, 잠복기 때에는 타인에게 전염시키지 않는다는 것입니다. 사스와 신종 플루는 잠복기가 2~7일이고, 메르스는 2~14일이에요.

넷째, 동물에게서 유입된 질환이지만 사람에게서 사람으로 옮길 수도 있답니다. 사스는 사향고양이, 신종 플루는 돼지, 메르스는 낙타나 박쥐에서 인간으로 옮겨 온 것이에요.

다섯째, 효과적인 예방약이나 치료제가 아직까지 없다는 거예요.

사실 이 세 가지 바이러스는 치명적인 질병이 아닐지도 몰라요. 사스의 치사율이 약 10%, 신종 플루는 약 1%이고, 그에 비하면 메르스는 30% 이상으로 높은 편이지만, 어쩌면 젊고 건강한 사람들이 가볍게 생각하는 독감보다 발생률이 낮고 학질보다 사망률이 낮을 수도 있지요. 그런데도 이들 바이러스 때문에 각종 콘서트가 취소되고 국제 경기가 무기한 연기되었어요. 또한 나라 간에 무역 거래가 대폭 축소되는 현상이 벌어지고, 유학생과 주재원들이 서둘러 귀국하고 외교관마저 철수할 정도로 온 세계가 비상에 걸렸지요. 그 이유가 뭘까요? 바로 이들 바이러스의 불확실성 때문이랍니다. 발생 원인과 경로를 알 수 없으니 불안할 수밖에요.

앞에서 이야기한 조류 인플루엔자도 그렇고, 6년마다 반복된 공포로 우리를 불안하게 만든 사스, 신종 플루, 메르스까지, 이 모든 것들이 바이러스로 인한 거예요. 그런데 자꾸 반복되고 있는 단어, '바이러스'라는 게 과연 무엇일까요? 이제부터 사람들을 공포로 몰아넣고 있는 바이러스의 뜻과 위험성, 역사 등 바이러스의 모든 것에 대해서 속속들이 알아보고자 합니다.

| | 사스 | 신종 플루 | 메르스 |
|---|---|---|---|
| 최초 발생 | 2002년 11월<br>중국 광동 | 2009년 3월<br>미국 샌디에이고 | 2012년 6월<br>사우디아라비아 |
| 발생 지역 | 중국, 홍콩 등<br>아시아 32개국 | 전 세계 | 중동, 아시아(한국) |
| 바이러스 | 사스 코로나 바이러스 | A형 인플루엔자 바이러스 | 메르스 코로나 바이러스 |
| 감염 매개 | 박쥐, 사향고양이 | 돼지 | 박쥐, 낙타 |
| 유행 시기 | 2002.11~2003.7 | 2009.4~2010.8 | 2012.4~2015.7 |
| 잠복기 | 2~7일 | 2~7일 | 2~14일 |
| (확진자 기준)<br>세계 감염자 | 8,096명 | 1,632,258명 | 1,307명(2015.6 기준) |
| 세계 사망자<br>/ 치사율 | 774명(2003.7 기준)<br>/ 약 10% | 19,633명(2010.8 기준)<br>/ 약 1% | 500명(2015.6 기준)<br>/ 약 30~40% |
| (확진자 기준)<br>국내 감염자 | 4명 | 107,939명 | 150명(2015.6 기준) |
| 국내 사망자 | 없음 | 260명(2010.3 기준) | 16명(2015.6 기준) |
| 주요 증상 | 고열, 기침, 호흡 곤란 등과<br>폐렴과 유사 증상 | 고열, 근육통, 구토, 설사 등과<br>독감과 유사 증상 | 고열, 기침 등과<br>호흡 곤란 증상 |
| 특징 | 사망자 중 50% 이상이<br>65세 이상 | 대부분이 초·중·고등학생<br>40세 이상은 극히 드묾 | 평균 환자 나이는 54.9세<br>40~50대가 많음 |
| 치료 | 없음 | • 로슈(사) - 타미플루<br>(성분명 오셀타미비어)<br>• GSK(사) - 리렌자<br>(성분명 자나미비어) | 없음 |

※ 자료: 조선닷컴 인포그래픽스팀, 2015.6.16

## Tip 인플루엔자 바이러스 '스페인 독감'

흔히들 독감을 '심하게 걸린 감기' 정도의 의미로 알고 있는데, 독감은 감기와 바이러스의 종류 자체가 달라요. 감기는 100여 종의 바이러스가 일으키는 병이지만, 독감은 오직 인플루엔자 바이러스를 통해서만 발병하죠.

그중 스페인 독감은 '20세기 흑사병'으로 불릴 만큼 치명적인 질병이에요. 1918년에 발병해 단 2년 만에 전 세계에서 5000만 명 이상의 목숨을 앗아 간 급성 바이러스성 독감이지요. 스페인 독감은 14세기 중반 유럽 전역을 휩쓴 흑사병보다 짧은 기간에 가장 많은 사망자가 발생해 지금까지도 인류 최대의 재앙으로 꼽혀요. 스페인 독감은 1918년 3월 미군 캔자스주 릴리 기지에서 처음 발병했어요. 미군 병사 한 명이 고열과 두통을 호소했는데, 다음 날 같은 증상을 보이는 환자가 500명으로 급격히 늘어났지요. 이후 제1차 세계 대전이 발발하고 미군들이 지구촌 전역을 누비면서 전 세계로 퍼져 나갔습니다.

스페인 독감은 감염된 지 2~3일 만에 사망할 정도로 치사율이 높아요. 당시 전쟁으로 사망한 사람이 1500만 명 정도였는데, 스페인 독감으로 목숨을 잃은 사람은 그 세 배가 넘는 5000만 명이었답니다.

스페인 독감의 초기 증상은 일반 독감과 비슷해요. 고열과 오한, 두통, 근육통, 인후통 등의 증상을 보이죠. 그러다 점차 증상이 심해지면서 폐 속에 피거품이 가득 차는 폐렴으로 발전해요. 이후 몸속에서 산소가 빠져나가 피부가 짙은 보랏빛으로 변하며 결국 사망에 이르게 되죠. 그 때문에 당시에는 스페인 독감을 '보랏빛 죽음'이라고 불렀다고 해요.

미국에서 발병했는데 왜 스페인 독감이라고 부르는지 궁금하죠? 바로 그때가 제1차 세계 대전 중이었기 때문이에요. 당시 참전국들은 적에게 약점이 노출되지 않도록 감염 사실을 숨겼고, 자기 나라 국민들에게도 언론 검열을 통해 진실을 감췄지요. 반면 중립국인 스페인은 아무런 통제 없이 자세히 보도했고, 이로 인해 스페인 독감의 존재가 세상에 알려진 것입니다. 그때부터 스페인 독감으로 불리게 된 거고요.

스페인 독감은 최근에 와서 그 정확한 원인이 밝혀졌어요. 2005년 알래스카에 묻혀 있던 한 여성의 폐 조직에서 스페인 독감 바이러스가 발견됐는데, 연구 결과 인플루엔자 A형 바이러스의 변형 바이러스로 확인되었어요. 다시 말해 스페인 독감의 원인은 조류 인플루엔자였답니다.

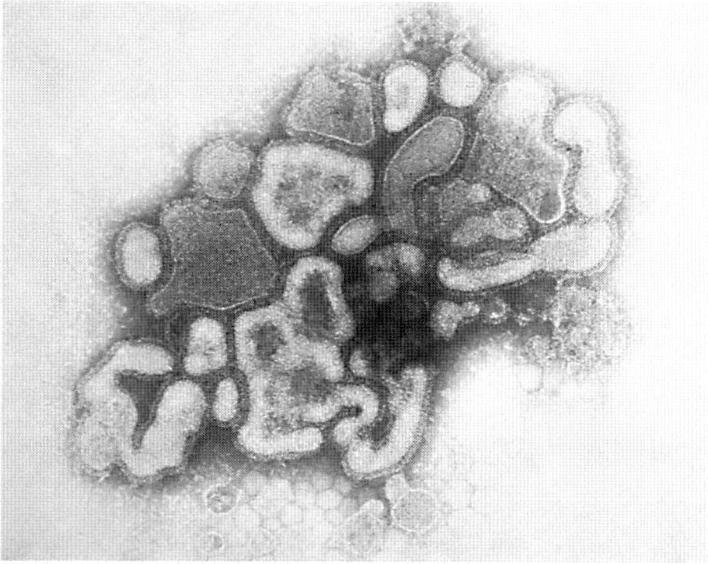

**스페인 독감 바이러스**

스페인 독감은 제1차 세계 대전 당시 미국 군인들이 키우던 닭, 오리 같은 식용 조류에서 발병한 것으로 추정돼요. 조류 독감이 식용 돼지에게 전염됐고 돌연변이가 발생하며 면역력이 떨어진 미국 군인들이 감염된 것이지요. 스페인 독감은 사람에게도 전염되는 조류 독감의 시초인 셈입니다.

당시 일제 강점기였던 한반도도 재앙을 피할 수 없었어요. 스페인 독감은 1918년 9월, 러시아에서 시베리아 철도를 타고 와서 한반도를 덮쳤어요. 모든 학교가 휴교하고 농촌에서는 다 익은 벼를 수확할 겨를도 없을 만큼 장례 행렬이 줄을 이었으며, 지방 여러 곳에서 우체국 직원들이 거의 모두 사망했다는 보도가 잇따랐지요. 조선 총독부 통계 연감에 따르면 1918년 당시 조선 인구 1759만 가운데 약 42%인 740만 명이 스페인 독감에 걸렸고, 이 중 14만 명이 사망했다고 해요.

2009년에 발발한 신종 플루가 스페인 독감과 비슷한 점은 사망 원인이 같다는 거예요. 스페인 독감에 감염된 사람들은 거의 모두 폐렴으로 사망했어요. 신종 플루 환자 역시 바이러스가 폐와 뇌 등에 깊숙이 침투하여 폐렴과 합병증*으로 사망했거든요.

인플루엔자 바이러스의 진화 또는 변이는 인류를 끊임없이 위협하고 있어요. 바이러스는 치료약을 투여하면 이를 무력화하고, 내성*을 지니기 위해 스스로 유전자 모양을 바꿔 버리는 특성이 있지요. 바이러스가 변종을 일으키면 그 치료제 역시 아무짝에도 쓸모없는 것이 되고 말지요.

* **합병증** 어떤 질병에 곁들여 일어나는 다른 질병
* **내성** 환경 조건의 변화에 견딜 수 있는 생물의 성질

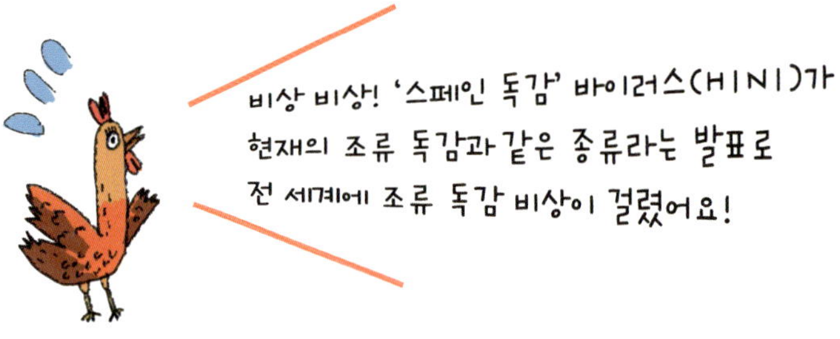
비상 비상! '스페인 독감' 바이러스(H1N1)가
현재의 조류 독감과 같은 종류라는 발표로
전 세계에 조류 독감 비상이 걸렸어요!

스페인 독감의 영향으로 시애틀에서 마스크를 쓰지 않은 사람은 아예 전차 탑승이 거부되었어요.

전 세계를 공포로 몰아넣은 사스, 신종 플루, 메르스는
모두 바이러스로 인한 질병이에요.
'바이러스'는 과연 무엇일까요?
지금부터 바이러스의 뜻과 위험성, 역사 등
바이러스의 모든 것에 대해서 속속들이 알아봐요.

# 2장

## 바이러스란 무엇인가?

## 미생물이란 무엇인가?

미생물은 말 그대로 눈으로는 볼 수 없을 정도로 아주 작은 생물이죠. 하지만 지구가 생긴 이래 최초로 생겨난 생명체이자 지구상 어디에나 있는 엄청난 존재랍니다. "인류가 멸망해도 미생물은 살아남을 것이다. 이 지구의 주인은 사람이 아니라 미생물이다."라는 말이 나올 만큼 대단한 생명체죠.

미생물은 세 가지로 나눠요. 원생생물과 세균, 그리고 바이러스예요. 원생생물은 짚신벌레같이 아주 작은 단세포 생물이에요. 세균은 원생생물보다 작아요. 그리고 바이러스는 세균보다 작고 우리 몸속에서 계속 자기 자신을 복제하면서 병을 일으키지요.

흔히 '미생물' 하면 콜레라균이나 결핵균 등 질병을 일으키는 세균을 생각해요. 물론 각종 병원성 세균은 해로운 미생물에 해당돼요. 하지만 우리의 삶에 유익한 것도 많아요. 유산균이나 누룩곰팡이 같은 미생물은 생활에 이로움을 주지요.

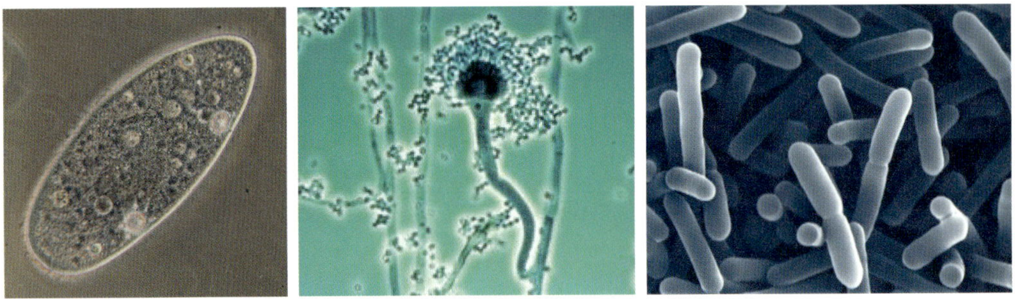

**원생생물인 짚신벌레(왼쪽)와 미생물 중 좋은 세균인 유산균(가운데)과 누룩곰팡이(오른쪽)**

흙 속에는 1g당 무려 10억~30억 마리의 다양한 종류의 미생물이 들어 있어요. 이 미생물들은 낙엽이나 동물의 시체, 배설물 같은 유기물을 탄산

탄산 가스
물
무기질

가스와 물, 무기물로 분해하는 일을 해요. 식물이 성장에 필요한 영양분을 흙에서 얻는 것도 다 이와 같은 미생물의 작용 덕분이에요. 미생물이 없으면 동물과 식물은 살아갈 수가 없어요. 모든 물질을 분해하여 자연으로 되돌려 보내는 역할을 하기 때문에 생태계가 조화를 이룰 수 있는 것입니다. 한마디로 미생물은 이 지구를 지배하는 존재라고 해도 과장이 아니에요.

그런데 우리 몸이 '미생물 동물원'이니, '미생물이 살고 있는 우주'니 하는 말 들어 보았나요? 자주 몸을 씻으며 깨끗하게 하는 사람이라 해도 몸 안에 100조 마리나 되는 미생물이 우글거리고 있답니다. 우리 몸의 세포 수가 약 10조 개인데, 그 열 배나 되는 숫자이지요. 다시 말해 우리 몸은 박테리아, 바이러스, 곰팡이 등의 미생물이 사는 집이에요. 몸속에 사는 미생물의 무게를 다 합치면 1~2kg이나 돼요. 이 녀석들 때문에 몸무게가 2kg이나 더 나가는 셈이에요. 또 미생물의 종류는 몸의 각 부위에 따라 다르고, 먹는 음식이나 나이에 따라 다르다고 해요.

한 연구에 따르면, 사람의 피부에는 1㎠ 마다 약 100마리 정도의 미생물이 살고 있다고 해요. 이 미생물이 때로는 피부병을 일으키기도 하지만 자외선을 막아 주어 피부를 보호하기도 한답니다. 또 피부에 사는 어떤 세균은 살갗이 건조해지지 않게 유지해 준다고 해요. 우리 몸의 소화 기관 중 하나인 대장(큰창자)에 사는 미생물은 우리 몸이 직접 만들지 못하는 비타민을 만들기도 한답니다.

이처럼 우리는 수많은 미생물과 더불어 살아갈 수밖에 없어요. 이제 그 미생물의 한 종류로 우리의 생활과 환경에 큰 영향을 미치는 세균과 바이러스에 대해 알아보기로 해요.

## 세균과 바이러스의 차이

세균과 바이러스를 같은 것으로 생각하는 사람이 많아요. 물론 둘 다 우리 몸에 해롭고 각종 질병을 일으키는 원인이 된다는 공통점이 있어요. 하지만 세균과 바이러스는 크기며 구조, 증식 방법 등이 서로 다른 별개의 미생물이에요.

우선 크기를 보면 바이러스는 세균보다 훨씬 작아요. 세균은 현미경으로 관찰할 수 있지만 바이러스는 세균을 걸러 내는 기구인 세균 여과기로도 걸러지지 않을 정도로 작아요. 그래서 일반 광학 현미경보다 더 작은 물체를 관찰할 수 있는 전자 현미경을 통해서만 볼 수 있어요.

단 한 개의 세포로 이루어진 세균은 작지만 하나의 정상적인 세포를 가진 미생물이죠. 그래서 스스로 단백질을 만들어 내어 개체 수를 늘려 가지요. 하지만 바이러스는 생명체를 구성하는 기본 단위인 세포 구조를 갖추지 못하고 있어요. 그래서 혼자서는 살지 못합니다. 유전 물질*만을 가지고 숙주의 세포 속으로 들어가 필요한 단백질을 대신 만들어 내게 하여 수를 늘려 간답니다. 쉽게 말해 바이러스는 숙주의 세포에서 떨어지는 순간 그저 단백질 덩어리에 지나지 않아요. 따라서 바이러스는 세균보다 더 원시적이며, 생물이면서도 생물이 아닌 이중적인 성격을 갖고 있다고 볼 수 있어요.

몸에 상처가 나거나 면역력이 떨어지면 세균은 "기회다!" 하고 몸속으로 침입하지요. 하지만 바이러스는

혼자 살아갈 능력이 부족한 생물이
다른 생물에게 일방적으로
영양분을 얻으며 살아갈 때,
그 기생의 대상을 숙주라고 해.

* **유전 물질** 생식 세포 가운데 어버이의 형질을 자손에게 전하는 물질

공기나 오염된 식수 등을 통해 우리 몸속의 세포 안으로 들어와서 무리를 늘려 가요(3장에서 자세히 살펴보기로 해요). 그로 인해 우리 몸속의 세포가 파괴되고 질병에 걸리게 된답니다.

세균과 바이러스의 공통점과 차이점을 정리하면 다음과 같아요.

| | 특징 | 세균 | 바이러스 |
|---|---|---|---|
| 공통점 | 증식(번식) | 가능 | 가능 |
| | 질병 유발 | 가능 | 가능 |
| | 돌연변이 유무 | 돌연변이 생김 | 돌연변이 생김 |
| 차이점 | 유전 물질 (핵산의 종류) | 모두 DNA | DNA 또는 RNA |
| | 세포막 유무 | 세포막 있음 | 세포막 없음 (세포 아님) |
| | 크기 | 바이러스보다 크다 | 세균보다 작다 |
| | 증식 방법 | 이분법 | 생체 세포 내 조립 |
| | 증식 | 세포 내외에서 모두 증식 | 살아 있는 세포 속에서만 증식 |
| | 물질대사 | 대부분이 스스로 물질대사 가능 | 스스로 물질대사 못함 |

그러면 세균과 바이러스가 살아가는 방식에 대한 차이를 좀 더 구체적으로 알아볼게요. 표에 나온 대로 세균은 스스로 에너지를 만들어 낼 도구를 갖고 있어요. 따라서 반드시 기생*할 필요가 없지요. 조건이 맞는 곳에

* **기생** 스스로의 힘으로 자라지 못하고 다른 생명체에 들어가야만 살아갈 수 있는 바이러스의 특징 중 하나

자리를 잡고 살면서 경우에 따라 숙주와 서로 도우며 살기도 해요. 이들은 숙주가 있어야 자신도 살기 때문에 되도록이면 숙주에 해를 끼치지 않아요. 그런데 스스로 에너지를 만들어 낼 수 없는 일부 세균은, 같은 세균 속에 기생하는 경우도 있습니다. 그리고 스스로 에너지를 만들 수 있지만 우리 몸속에 기생하는 것들도 있어요. 이처럼 세균은 살아가는 방식이 다양하지요.

반면 바이러스는 살아 있는 세포에 기생해야만 살 수 있어요. 자신보다 큰 세포는 모두 숙주가 된답니다. 심지어 세균 속에 들어가 기생하기도 해요. 스스로 에너지를 만들어 낼 수 있는 도구가 자체적으로 없기 때문이에요. 다른 세포를 만나면 자신의 DNA나 RNA*를 그 세포에 슬쩍 주입하지요. 그러면 바이러스의 유전자 정보도 세포의 세포 분열에 얹혀서 같이 증식하게 돼요. 세포를 이용해서 증식한 바이러스는 세포를 뚫고 나가 또 다른 세포에서 같은 과정을 끝없이 반복한답니다.

## 세균과 바이러스의 종류

세균을 다른 말로는 '박테리아'라고 해요. 박테리아는 '작은 막대기'라는 뜻의 고대 그리스어 박테리온(baktērion)에서 생겨난 말이에요. 하지만 모든 박테리아가 막대 모양을 하고 있는 것은 아니에요. 세균은 네덜란드의 안톤 판 레이우엔훅(Anton van Leeuwenhoek, 1632~1723)이 1676년에 처음으로 관찰했지요. 레이우엔훅은 빗물, 연못, 우물물 및 사람의 입안이나 장 등 각기 다른 장소에서 발견되는 세균과 미생물들을 구분해 크기를 재

* RNA 유전 정보를 전달하는 물질인 핵산의 한 종류로, 거의 모든 생물은 우리에게도 익숙한 DNA를 유전 물질로 갖지만 몇몇 바이러스는 DNA 대신 RNA를 갖고 있어요.

고, 그림으로 남겼답니다.

세균이 각종 전염병의 원인임을 알아낸 건 그보다 200여 년이 지난 뒤의 일이에요. 1800년대 말 로베르트 코흐(Robert Koch, 1843~1910)는 현미경을 통해 탄저균과 결핵균, 콜레라균을 발견해요. 코흐는 또 특정한 세균이 특정 전염병의 원인이 된다는 것을 증명할 수 있는 원칙도 세웠어요. 이를 계기로 세균을 과학적으로 연구할 수 있는 기틀이 마련되었답니다.

세균의 종류는 수천 종이나 돼요. 앞에서 설명한 것처럼 모든 미생물이 우리 몸에 해를 끼치는 것이 아니듯이 세균도 모두 해로운 것은 아니에요. 알고 보면 무서운 전염병을 일으키는 것은 일부에 지나지 않는답니다. 오히려 세균이 지닌 물질 분해 능력은 생태계가 균형과 조화를 이룰 수 있게 해 주지요. 또 세균이 만들어 내는 물질은 우리 생활에 도움을 주고 있어요. 식품을 가공할 때 쓰이는 유산균, 항생 물질을 만드는 방선균 등은 이로운 세균이죠. 파상풍균, 콜레라균, 디프테리아균, 결핵균 등은 전염성이 강한 해로운 세균이랍니다.

세균은 투명하고 무색이어서 현미경으로 관찰하려면 특수한 약품으로 염색을 해야 볼 수 있답니다. 생김새에 따라 원형인 구균, 막대 모양의 간균, 구부러진 모양의 나선균으로 구분해요. 특히 구균 중에서 둥근 공이 연결되어 있는 것처럼 생긴 것은 연쇄상 구균, 둥근 공이 포도송이처럼 모여 있는 것은 포도상 구균이라고 해요.

세균에 의해 발생하는 질병으로는 구균에 의한 식중독과 폐렴, 간균에 의한 폐결핵과 이질, 나선균에 의한 위궤양 등이 있어요.

우리 몸속에 들어온 세균은 빠르게 수를 불려 면역력을 파괴함으로써 여러 가지 질병을 일으켜요. 강력한 독소를 만들어 내어 조직을 빠르게 손

## 세균의 모양에 따른 구분

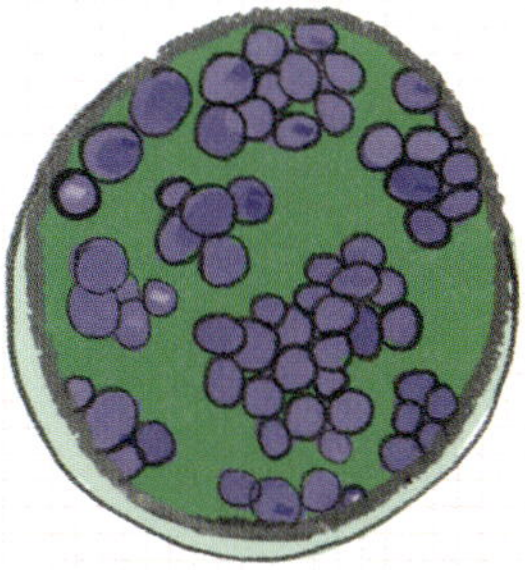

포도상 구균

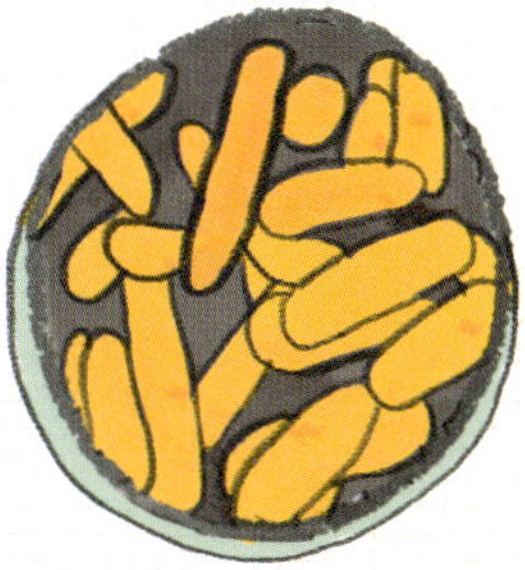

간균

나선균

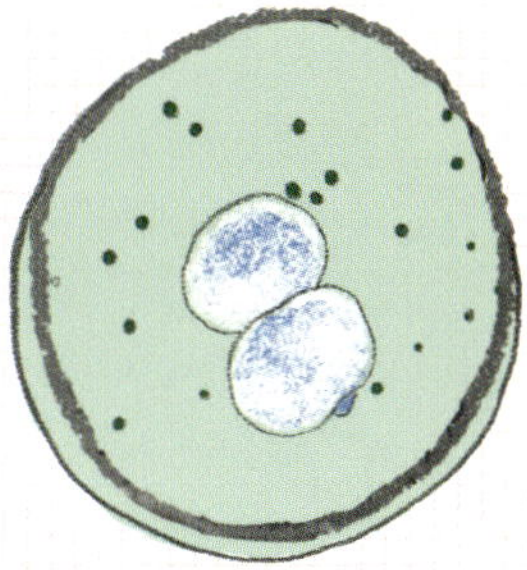

연쇄상 구균

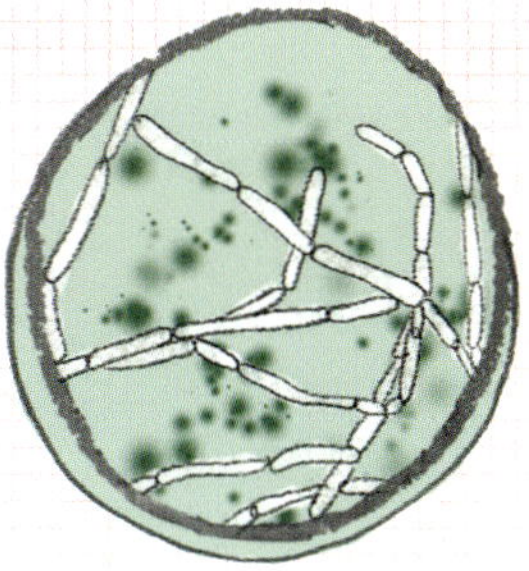

연쇄상 간균

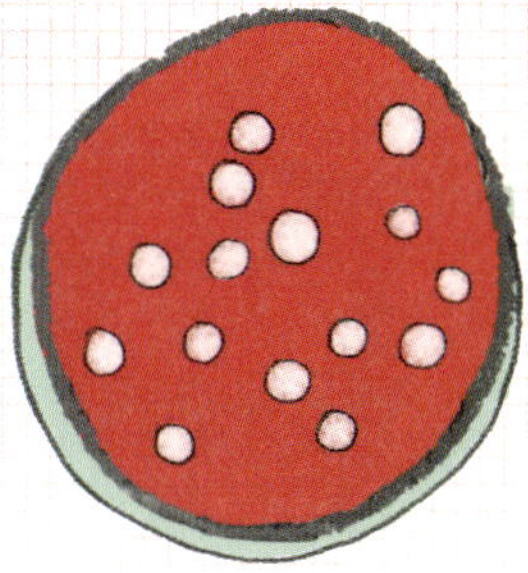

구균

상시키는 것도 있지요. 과거에는 세균에 감염되면 죽는 경우가 많았지만, 요즘은 항생제가 개발되어 심각한 감염도 거의 치료가 된답니다.

그에 비하면 바이러스는 훨씬 더 무서운 존재예요. 세포가 없어 불완전한 이 미생물은 단백질과 유전자 정보만으로도 계속 계속 늘어나기 때문에 돌연변이가 많아요. 백신*을 개발하더라도 금세 변종*이 생겨 치료가 어렵답니다. 감기만 해도 그래요. 흔히 걸리는 게 감기인데 최첨단을 걷는 현대 의학으로도 박멸하지 못하는 이유는 뭘까요? 바로 바이러스 질환이기 때문이죠. 바이러스는 독이라는 뜻을 지닌 라틴어 '비루스(virus)'에서 생겨난 말이에요. 과거에 사람들은 밤바람의 독한 기운이 황열이나 천연두 같은 바이러스성 질병을 옮긴다고 생각했어요.

바이러스가 처음 세상에 알려진 건 세균에 대한 연구가 한창 진행되면서부터예요. 1800년대 말, 파스퇴르(Louis Pasteur, 1822~1895), 코흐 등의 과학자들에 의하여 사람에게 발생하는 질병의 몇 가지가 세균에 의해서 일어난다는 것이 밝혀졌어요. 그런데 어떤 질병들은 세균이 아닌 다른 것에 의해 발생한다는 걸 알게 됩니다. 세균을 확인하는 데에 쓰이는 방법들로는 이들 질병에 대해 알아낼 수가 없었거든요. 그런데도 놀라운 건 병원체의 정체를 모르는 상태에서 이런 질병들에 대한 백신을 만들어 냈다는 거죠. 실제로 천연두와 광견병, 또는 가축의 구제병에 대한 백신이 개발된 것은 이 질병들의 병원체가 바이러스라는 사실이 밝혀지기 훨씬 이전의 일이었답니다.

1892년에 러시아의 이바노프스키(Dimitri Ivanowsky, 1864~1929)가 담뱃

* **백신** 전염병에 인공적으로 면역을 주기 위해 생체에 넣어 주는 물질
* **변종** 바이러스의 성질이 바뀌는 변이 과정을 거쳐 바이러스의 종류 자체가 변화한 것

잎에 생기는 모자이크병을 연구하면서 바이러스의 특징들을 알아냈습니다. 이후 지금까지 발견된 바이러스의 종류는 400가지가 넘어요.

바이러스는 숙주 세포에 따라 크게 동물 바이러스, 식물 바이러스, 세균 바이러스로 나누어요. 식물 바이러스는 유전 물질로 대부분 RNA를 갖고 있어요. 감자, 콩, 사탕수수 등의 식물에 병을 일으키며 식물 조직의 상처를 통하여 침입하거나 곤충에 의해 옮겨져요. 담배 모자이크 바이러스나 감자 엑스 바이러스가 여기에 해당하죠. 동물 바이러스는 유전 물질로 DNA 또는 RNA를 갖고 있어요. 곤충이 옮기거나 직접적인 접촉 등에 의해 감염이 돼요. 동물 바이러스가 일으키는 질병은 천연두, 볼거리, 소아마비, 유행성간염, 후천 면역 결핍증(에이즈), 독감 등이 있어요.

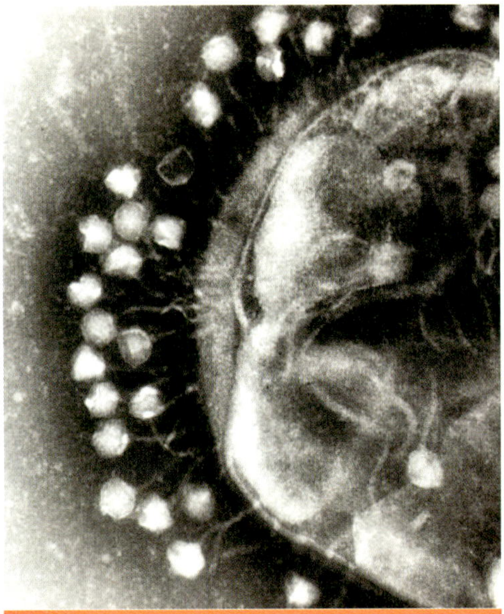

박테리아 세포 표면을 덮고 있는 박테리오파지의 모습을 담은 전자 현미경 사진이에요. 파지는 박테리아 세포벽 표면의 구조를 인식해 달라붙은 뒤 유전체를 세포 안으로 주입해 번식해요.

세균 바이러스는 박테리오파지라고도 해요. 박테리오파지는 세균을 잡아먹는다는 의미예요. 세균에 기생해 살아가기 때문에 붙은 이름이지요. 다른 바이러스와 마찬가지로 핵산으로 이루어진 유전 물질 중심부를 단백질 껍질이 싸고 있는 단순한 구조를 갖고 있어요. 거의 모든 세균에서 한 가지 종 이상의 세균 바이러스가 발견되었지요. 현재 이 세균 바이러스를 세균성 질환 치료에 이용하기 위한 연구가 진행되고 있답니다.

## 유용한 세균

우리 몸속에는 수많은 세균이 있어요. 정확히 말하면 우리는 피부, 입, 장 등 몸속 곳곳에 사는 세균과 더불어 살아가는 거죠. 그중에서도 장은 우리 몸에서 가장 많은 세균이 사는 기관이에요. 장에 사는 세균을 '장내 세균'이라고 하는데, 유산균도 장내 세균이랍니다.

바로 이 유산균이 우리에게 이로운 일을 하는 대표적인 세균이지요. 유산균은 김치를 비롯하여 요구르트나 치즈 등 유제품에 많이 들어 있는데, 탄수화물 같은 당류를 분해해 젖산을 만들어 젖산균이라 부르기도 해요.

유산균은 무엇보다도 장을 깨끗이 하여 튼튼하게 해 주는 일을 해요. 그래서 변비나 설사 같은 장내 세균에 의한 질병을 치료하는 데에 도움을 준답니다. 또한 우리 몸에 필요한 비타민 등 여러 가지 유익한 물질들을 만들어 내요.

유산균은 식물성 유산균과 동물성 유산균으로 구분해요. 식물성 유산균의 대표적인 식품이 바로 김치이며, 요구르트 같은 유제품 등은 동물성 유산균에 해당되죠. 또 유산균의 형태에 따라 공 모양의 구균과 막대 모양의 간균으로 분류하기도 해요.

그리고 빵이나 맥주, 포도주 등의 발효에 이용되는 '효모'도 유용한 세균이죠. 효모는 단당류를 분해하여 이산화 탄소와 알코올을 만들어 내요. 효모가 만들어 내는 이산화 탄소는 빵 반죽을 발효시키는 데에 이용되고, 맥주나 포도주를 만들 때에는 알코올이 이용된답니다.

효모의 역사는 오래되었어요. 4,000년 전 고대 이집트에서는 이미 효모를 빵 반죽에 이용했다고 해요. 효모가 만들어 내는 이산화 탄소에 의해 부드럽게 부풀어 오른 발효된 빵 반죽으로 빵을 구웠답니다. 우리 조상들도 술을 담글 때 누룩을 빚어 발효를 시켰고요. 물론 그 당시에 효모가 무엇인지, 어떤 성질을 가졌는지 정확히 알았던 것은 아니에요.

효모의 존재를 확인하여 최초로 분리 배양한 사람은 앞서 세균을 처음으로 관찰했다고 소개한 레이우엔훅이에요. 이어 18세기에는 효모의 영양 성분이나 조성 성분 등이 밝혀지게 되죠. 이후 맥주 효모에 대한 연구가 계속되어 맥주 양조 기술의 기초가 세워지고 효모의 순수 배양 기술도 개발됩니다.

독일에선 제1차 세계 대전 당시 식량 문제로 어려움을 겪게 되자 효모로 식량 문제를 해결했다고 해요. 일본에서는 1900년대에 효모를 의약품으로 다루고 보급을 하기도 했답니다. 이처럼 맥주 효모에는 단백질과 미네랄, 비타민 등이 풍부하게 들어 있어 건강 보조 식품으로 이용되기도 해요.

마지막으로, 유용한 세균 중의 하나가 푸른곰팡이랍니다. 푸른곰팡이도 여러 종류가 있어서 이로운 것도 있고 해로운 것도 있어요. 음식이 상해 곰팡이가 피면 우리 몸에 해로운 물질을 뿜어 내지요. 하지만 이런 곰팡이가 다른 세균을 죽인다는 사실! 바로 최초의 항생제인 페니실린이 푸른곰팡이를 원료로 개발되었답니다. 1928년 영국의 세균학자 플레밍(Alexander Fleming, 1881~1955)은 인플루엔자 바이러스를 연구하던 중에 배양 접시에 핀 푸른곰팡이 주위에 세균들이 죽어 있는 것을 발견하게 됩니다. 푸른곰팡이가 세균의 세포막을 파괴해 죽인 거죠. 그전까지만 해도 세균 감염은 곧바로 죽음으로 이어질 만큼 치명적이었어요. 나무의 가시에 찔리거나 못에

귤에 핀 푸른곰팡이

긁히기만 해도 팔이나 다리를 잘라야 하거나, 심하면 목숨을 잃었거든요.

플레밍이 발견한 페니실린은 제2차 세계 대전 동안 부상자들에게 투여되어 수많은 목숨을 살려 냈지요. 페니실린이 발견되기 전에는 큰 수술을 받은 환자의 생존율이 30%에 지나지 않았지만, 페니실린을 사용한 후의 생존율은 80% 이상으로 증가했답니다. 또 페니실린의 발견으로 당시 불치병으로 알려졌던 폐렴, 디프테리아, 파상풍 등의 치료가 가능해졌어요.

이처럼 페니실린의 발견은 20세기 인류가 이룩한 최고의 성과로 꼽힐 만큼 큰 기여를 했습니다. 지금까지도 우리는 이 푸른곰팡이의 덕을 톡톡히 보고 있는 거죠.

페니실린을 발견한 플레밍은 의학 발전에 큰 영향을 주어 노벨 의학상을 받게 되었어요.

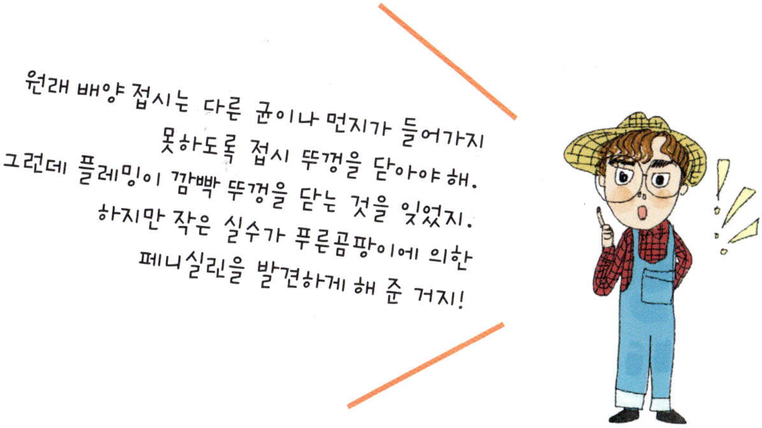
원래 배양 접시는 다른 균이나 먼지가 들어가지 못하도록 접시 뚜껑을 닫아야 해.
그런데 플레밍이 깜빡 뚜껑을 닫는 것을 잊었지.
하지만 작은 실수가 푸른곰팡이에 의한 페니실린을 발견하게 해 준 거지!

## 유익한 바이러스의 이용

우리에게 이로운 일을 하는 세균처럼 바이러스 중에서도 유익하게 이용되는 것이 있어요. 바로 세균 바이러스인 박테리오파지랍니다. 앞서 이야기했듯이 박테리오파지는 일반적인 바이러스와는 달리 세균에 기생하여 세균을 잡아먹는 바이러스죠. 줄여서 '파지'라고도 해요. 생김새는 머리와 꼬리로 이루어져 있는데, 다각형의 몸통에 게 다리처럼 옆으로 다리들이 나와 있는 게 아폴로 11호 달 착륙선과 꼭 닮았어요.

박테리오파지는 포도상 구균이라는 세균을 연구하는 과정에서 처음 발견되었습니다. 1915년 영국의 프레데릭 트워트(Frederick Twort, 1877~1950)는 포도상 구균을 배양하다가 균이 투명하게 녹아 버린 것을 발견해요. 그 부위를 떼어 다른 포도상 구균에 집어넣자 똑같은 현상이 일어났지요. 또한 1917년에는 프랑스 파스퇴르 연구소의 미생물학자인 펠릭스 데렐(Félix d'Hérelle, 1873~1949)도 이와 비슷한 현상을 발견하고 '박테리오파지'라고 이름을 붙였어요. 그 당시에는 박테리오파지를 세균이 생산한 독소라고 생

달 착륙선 아폴로 11호(왼쪽)를 닮은 박테리오파지 모형(오른쪽)

각했어요. 박테리오파지의 실체가 밝혀진 건 1930년대에 전자 현미경이 발명되고 난 뒤였지요.

이후 대장균을 비롯한 여러 세균에서 박테리오파지가 발견되었어요. 인분이나 하수 속에서는 대장균 파지, 말이나 돼지의 똥에서는 이질균 파지, 화농 조직 속에서는 포도상 구균 파지 등 파지는 다양한 종류가 있지요.

박테리오파지가 세균을 죽이는 과정을 보면 다음과 같아요. 파지는 세균의 세포 표면에 머리를 딱 붙이고, 꼬리 부분의 단백질로 된 원통형 집으로 주사기처럼 세균 속에 DNA를 주입해요. 단백질 껍질은 세균 표면에 두고 DNA만 세균 속으로 집어넣는 식이죠. 이 DNA가 숙주가 된 세균의 세포를 이용해 수백만 개로 복제를 하면 숙주는 완전히 죽음에 이르게 되는 거예요.

1919년에는 파지를 이용해 병원균을 죽이는 파지 요법이 사람을 대상으로 처음 실시돼요. 이 파지 요법은 크게 화제가 되었지만 성공하지는 못했어요. 그리고 서구에서는 다른 미생물의 성장이나 생명을 막는 약물인 항생제가 광범위하게 개발되면서 파지 요법에는 관심이 없었지요. 그런데 냉전 시대에 항생제를 구할 수 없었던 소련의 영향권에 있던 동부 유럽 지역에서는 세균 감염을 막기 위해 파지 요법을 이용했고, 지금까지도 파지 요법으로 환자를 치료해 오고 있죠.

최근 서양에서도 파지가 항생제를 대체할 수단으로 주목을 받고 있답니다. 항생제 내성이 갈수록 심해지고 내성균으로 죽는 사람이 많아졌거든요. 항생제는 몸에 이로운 장내 세균마저 죽이는 것이 단점이에요. 파지는 저마다 감염되는 세균이 따로 있으므로 이런 문제는 없답니다. 세균은 죽이지만 우리 몸에 해를 끼치지는 않는다는 박테리오파지의 특이성 때문이

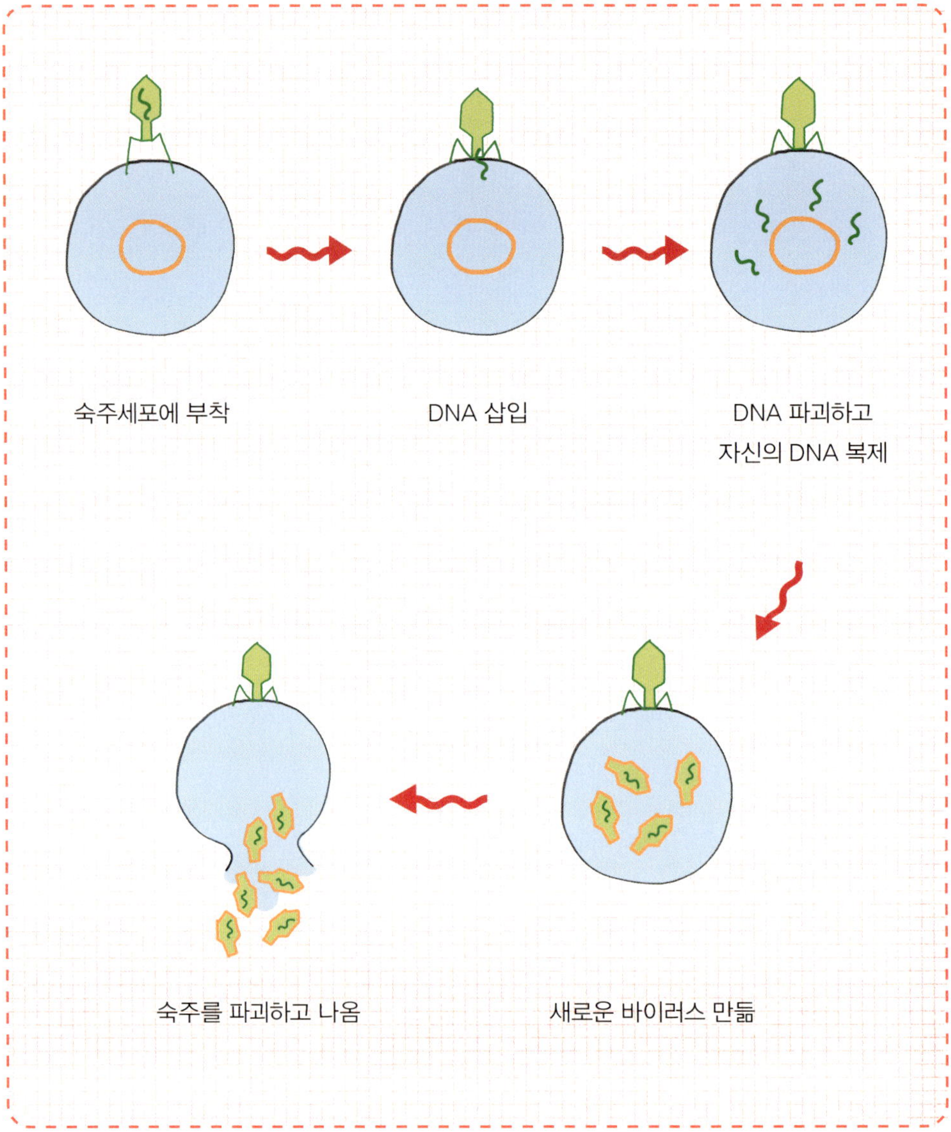
숙주세포에 부착
DNA 삽입
DNA 파괴하고
자신의 DNA 복제
숙주를 파괴하고 나옴
새로운 바이러스 만듦

죠. 더구나 항생제에 내성을 가진 슈퍼 박테리아가 등장하면서 세균을 죽일 수 있는 박테리오파지에 크게 기대를 걸고 있답니다.

우리 주변 어디나 파지가 있기 때문에 병원균의 천적인 파지를 찾는 일이 어려운 건 아니에요. 물론 박테리아가 변이를 일으켜 내성을 가질 수도 있지만 파지도 그에 맞춰 변이를 일으킬 수 있지요. 또 과거에는 여러 바이러스를 모아 쓰는 파지 칵테일 요법을 사용했지만 지금은 바이러스의 유전자를 합쳐 하나의 치료용 합성 바이러스를 만드는 방법도 연구하고 있답니다.

병을 퍼뜨리는 매개체인 바이러스의 전염성은
상상을 초월할 만큼 엄청나요. 예를 들어 천연두로 인해
5억 명 이상의 사망자가 발생했어요. 어머어마하지요?
어떻게 바이러스에 감염되는지, 바이러스 전파를 막는
방법에는 어떤 것이 있는지 함께 살펴봐요.

# 3장

# 바이러스의 전파

## 병을 퍼뜨리는 바이러스

요즘에는 바이러스라는 단어를 응용한 웃음 바이러스, 행복 바이러스, 희망 바이러스 등의 말도 많이 사용하고 있어요. 그만큼 전염성이 강한 바이러스이니만큼 긍정적인 부분에서도 강하게 퍼지기를 바라는 의미를 담고 쓰이는 것이죠.

병을 퍼뜨리는 매개체인 바이러스의 전염성은 엄청나서 상상을 초월할 정도예요. 인류의 역사는 한마디로 바이러스와의 투쟁의 연속이었다고 해도 틀린 말이 아니에요. 그중에서도 인류에게 가장 심각하고 지속적인 영향을 미친 바이러스를 꼽으라면 단연 '천연두'이지요. 천연두는 인류 역사상 전쟁으로 사망한 사람보다 훨씬 많은, 5억 명 이상이 이 질병에 의해 희생되었다는 보고도 있답니다.

고대 바이러스

폴리오바이러스라고 하는 급성 회백수염(척수성 소아마비)도 천연두와 마찬가지로 고대 이집트 시대부터 존재했어요. 1916년 소아마비가 전 세계에 크게 창궐*하였을 때에는 바이러스 저항력이 전혀 없는 어린이 6천여 명이 사망하고, 3만 명 이상의 아이들이 소아마비에 걸려 불구가 되었어요. 대부분의 환자가 5세 미만의 어린이였지만, 어른이라도 바이러스 저항성이 없다면 희생양이 되었지요. 대표적인 사람이 미국의 32대 대통령 프랭클린 루스벨트(Franklin Roosevelt, 1882~1945)예요. 루스벨트는 서른아홉 살 때 소아마비로 하반신 마비가 왔다고 알려져 있어요.

한편, 바이러스가 퍼뜨린 병은 세계 역사까지도 변화시켰어요. 전성기를 누리던 아테네를 몰락으로 이끈 주범은 스파르타와의 전쟁이 아니라 홍역* 이었답니다. 스파르타가 침략해 오자 많은 피난민이 수도 아테네로 모여들었고, 비좁고 불결할 수밖에 없는 공간에 역병이 돌아 많은 사람이 목숨을 잃었거든요. 그 밖에도 황열, 스페인 독감, 에볼라, 에이즈, 광우병, 인플루엔자 바이러스 등등 인류를 위협해 온 바이러스는 엄청 많아요.

특히 독감으로 인한 재앙은 끝없이 반복되었어요. 100만 명의 목숨을 앗아 간 1957년의 아시아 독감, 80만 명이 사망한 1968년의 홍콩 독감, 그리고 1977년 러시아 독감 등등 독감 바이러스는 강력한 전파력을 갖고 있답니다. 사스나 조류 인플루엔자, 신종 플루의 치명적인 전파력은 이미 1장에서 소개한 대로 인류에게는 공포 그 자체가 되고 있고요. 거기다 최근에는 지구 온난화로 인해 고대 바이러스가 부활할 것이라는 얘기가 돌면서 전 세계가 비상한 관심을 갖고 주목하고 있답니다.

* **창궐** 전염병이 걷잡을 수 없이 퍼짐

* **홍역** 홍역 바이러스로 발생하는 급성 전염병

## Tip 기후 변화와 수만 년 된 고대 바이러스의 부활

시베리아 영구 동토층*은 지구 온난화의 영향을 가장 크게 받은 곳이죠. 다른 지역보다 두 배 빠른 속도로 녹고 있답니다. 만약에 지구의 기온이 올라가면서 얼음 속에서 고대 바이러스와 박테리아가 나타난다면 어떻게 될까요? 러시아 과학자들은 영구 동토층이 녹게 되면 수천 년 동안 갇혀 있던 바이러스와 박테리아들이 출현해 수세기 전에 유행했던 전염병의 부활로 이어질 수 있다며 우려하고 있답니다.

실제로 시베리아 영구 동토층에서 수천 개의 유전자를 가진 복잡한 거대 바이러스가 발견되기도 했어요. 거대 바이러스는 크기가 0.5미크론* 이상인 것을 말하며, 광학 현미경으로 관찰이 가능하다고 해요. 2015년에 발견된 3만 년 된 어떤 바이러스는 인체에게 해를 주지는 않지만 전염성이 있는 것으로 보도되었어요.

1918년에는 알래스카 툰드라에 묻힌 시신들에서 스페인 독감 바이러스가 발견되기도 했고요. 러시아 시베리아 지역의 인구 절반가량이 천연두로 사망했던 1890년대에는 콜리마 강가의 영구 동토층에 시신을 매장했는데, 그곳이 지구 온난화 때문에 녹기 시작하고 있답니다.

2016년 시베리아에서 발병했던 탄저병은 1941년 이후 처음 있는 일로, 100명이나 되는 환자가 발생했어요. 그해 여름, 얼어붙어 있던 옛날 사슴의 시체가 녹으면서 세균이 퍼진 걸로 추측하고 있답니다.

기후 변화는 영구 동토층에만 해당하는 문제는 아니에요. 따뜻한 지역에서는 기온 상승으로 인해 모기가 옮기는 질병이 더욱 기승을 부리게 될 거라고 우려하고 있어요.

* **영구 동토층** 지표 밑의 온도가 2년 이상 연속적으로 0도 또는 그 이하인 지역. 남·북극의 광범위한 지역과 중위도의 높은 산악 지역 등 북반구 지표면의 약 24%를 차지

* **미크론** 길이의 단위. 음향이나 전기의 파장, 분자와 분자 사이의 거리, 미생물의 크기 따위를 잴 때 쓴다. 1미크론은 1미터의 100만 분의 1에 해당한다. 기호는 $\mu$으로 나타낸다.

## 바이러스의 주요 감염 경로

병을 일으킬 수 있는 세균이나 바이러스 등의 미생물이 우리 몸에 들어와서 그 수가 많아지는 것을 '감염'이라고 해요. 감염을 일으키는 미생물이 새로운 개체에 침입한 방법을 '감염 경로'라고 하고요. 감염 경로는 대략 공기, 비말(침방울), 접촉 감염이라는 세 가지로 분류돼요. 바이러스는 주로 이런 경로로 인간에게 전염과 감염을 일으키죠.

이제 바이러스의 주요 감염 경로를 살펴볼게요.

### ① 공기 감염

공기 감염은 감염원의 병원체가 미세한 입자로 공기 중에 떠다니며 다른 사람의 몸에 침입하는 것을 말해요. 입자가 매우 작아 가볍기 때문에 공기를 타고 멀리 퍼지죠. 결핵, 홍역, 수두 같은 질병이 공기로 감염되는 대표적 예에 해당되며, 노로바이러스나 인플루엔자도 공기 감염의 가능성이 있어요.

### ② 비말(침방울) 감염

감염자가 다른 사람과 대화를 하거나 기침, 재채기를 할 때 침과 함께 바이러스가 다른 이의 코와 입으로 들어가 감염되는 경우예요. 수분이 포함되어 있어서 공기 감염보다는 퍼지는 거리가 매우 짧아요. 1미터 정도 이상 떨어져 있으면 상관이 없어요. 풍진, 백일해, 독감, 에볼라 등이 침방울로 감염되는 대표적 질병이에요. 입자가 공기 감염보다는 커서 마스크를 착용하는 것만으로 어느 정도 예방이 된답니다.

### ③ 신체를 통한 접촉 감염

접촉 감염은 주로 손을 통해 이루어져요. 감염자의 배설물이나 구토물, 체액 등에는 바이러스가 있는데, 이것들은 사실 손에 쉽게 묻어요. 그런데 감염자가 손을 씻지 않은 상태에서 다른 사람의 신체를 직접적으로 만지거나, 혹은 주변의 사물을 만지면 손에 있던 바이러스가 묻게 되지요. 감염자와 신체 접촉을 하거나 감염자가 만진 물건과 접촉한 후 무심코 자신의 신체를 만진다면 바이러스에 감염될 수 있답니다.

### ④ 바이러스에 감염된 식수 또는 음식물 섭취로 인한 감염

바이러스에 의해 오염된 음식물이나 식수를 끓이지 않고 그대로 섭취할 경우 바이러스에 감염될 수 있어요.

### ⑤ 배설물과 구토물에 의한 감염

앞서 이야기했듯이 감염자의 배설물이나 구토물에는 바이러스가 있어요. 그래서 깨끗하게 처리하는 게 중요하지요. 제대로 처리하지 않으면 바이러스 일부가 말라 버리고, 공기 중에 떠돌아다니게 돼요. 대기 중에 떠도는 바이러스를 흡입하면 감염이 되는 것이지요.

바이러스는 그 종류가 굉장히 다양하며, 피부의 상처나 호흡기, 침 등을 통해 인체에 침입해요. 세포를 가진 생명체라면 모두 바이러스의 숙주가 될 수 있죠. 지금 이 순간에도 바이러스는 끊임없이 그 모습을 바꾸어 가며 우리 몸에 침입하기 위해 호시탐탐 기회를 엿보고 있어요. 예를 들면 우리가 감기를 앓고 나았어도 또다시 감기에 걸리는 것은 감기 바이러스가 또 다른 모습의 감기 바이러스로 탈바꿈해 우리 몸에 침입하기 때문이에요.

그나마 다행인 것은 감기 바이러스를 비롯한 각종 바이러스가 우리 몸에 침입할 경우 우리 몸의 면역 세포가 찾아 제거한다는 점이에요. 그래서 시간이 지나면 우리 몸은 어느 정도 자연히 치유가 돼요.

## 감염 확대를 막는 방법

일단 바이러스에 감염되면 우리 몸의 면역 세포에 의해 자연적으로 치유되는 경우가 대부분이에요. 하지만 일부 만성 잠복 바이러스들은 한번 감염되면 꼼짝없이 당할 수밖에 없기 때문에 미리미리 예방하는 게 최고지요.

무엇보다 '철저한 개인위생'과 '건강한 생활 습관'을 가져야 한답니다. 이는 사소한 감기 바이러스부터 심각한 에이즈 바이러스까지 모두 해당돼요. 그러면 바이러스 감염의 확대를 막기 위한 방법들을 알아보기로 해요.

**① 손을 자주 씻는다.**

외출 후나 식사 전, 화장실에 다녀온 후에는 꼭 손을 씻어야 해요. 어렸을 때부터 개인 위생이 생활화된 선진국의 경우 세균 바이러스 감염률이 낮다고 해요. 특히 우리는 손을 사용하는 일이 많으므로 평소에 자주 씻어 청결하게 하는 것이 좋아요. 대부분의 감염성 질환은 공기 전염보다는 바이러스가 묻은 손이 눈이나 코, 또는 입에 접촉하면서 감염되는 경우가 훨씬 더 많거든요. 사람의 몸은 세균의 숫자를 줄여 주기만 해도 감염성 질환의 70%는 예방할 수 있답니다.

**② 많은 사람이 모이는 장소는 되도록 가지 않는다.**

면역력이 떨어진 상태에서는 되도록 사람들이 많은 장소는 피하는 것이 좋아요. 건강한 사람에게는 별다른 영향을 끼치지 않지만, 면역력이 떨어져 있는 사람에게는 위험할 수도 있기 때문이지요. 만약 감기와 같은 전염성 질환에 걸렸다면 공공장소에서 기침을 할 때 소매로 입을 가리거나 마스크를 착용하여 타인을 배려하는 자세도 필요하겠죠.

### ③ 감염자는 신체적 접촉을 삼간다.

바이러스는 신체적 접촉을 통해 감염되는 경우가 많아요. 전염성이 강한 헤르페스바이러스에 감염된 경우에는 타인과의 접촉을 자제해야 해요.

### ④ 바른 생활 습관을 유지한다.

일상생활에서 피로하거나 스트레스를 받게 되면 면역력이 떨어지기 쉽죠. 바이러스 감염을 막으려면 균형 있는 식사와 규칙적인 생활 습관을 유지해 면역력을 기르는 것이 중요해요. 면역력이 있으면 잠복 바이러스의 활동도 막을 수 있어요.

인류의 삶에 가장 큰 영향을 미쳤을 뿐 아니라
계속 위협이 되어 온 것은 전염병이었어요.
수많은 사람들을 공포와 죽음으로 몰아넣은
흑사병, 천연두, 콜레라, 한센병 등등의
치명적인 질병들의 역사 속으로 따라가 보기로 해요.

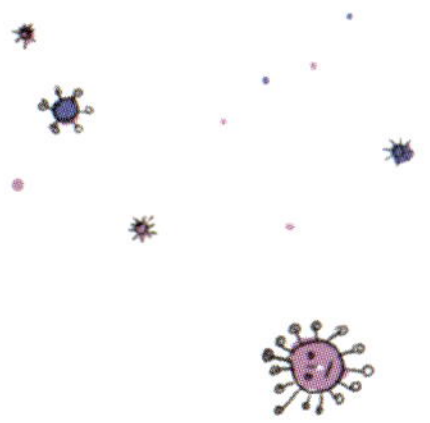

# 4장

# 역사 속의 바이러스

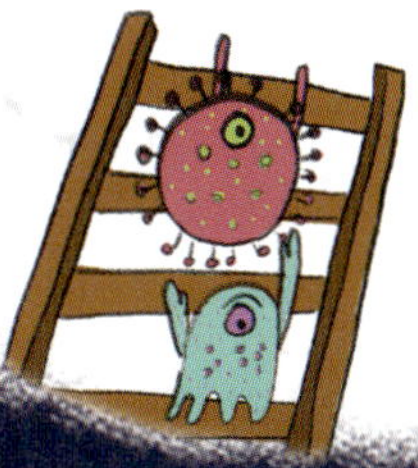

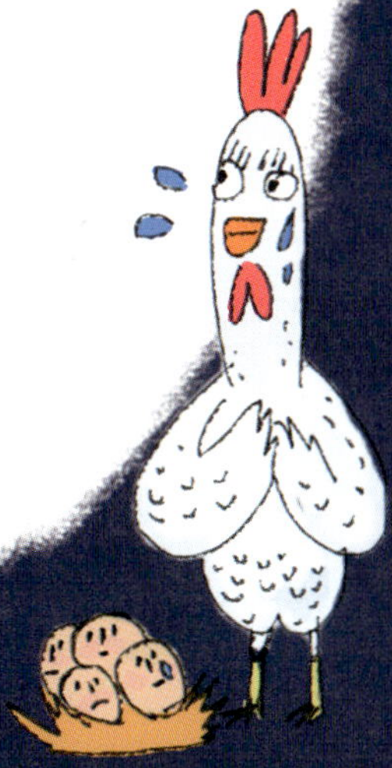

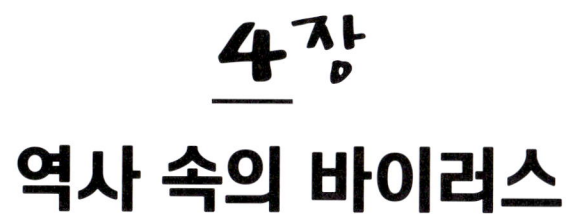

인류의 삶에 가장 큰 영향을 미치고 위협이 되어 온 것은 전염병이었어요. 적어도 미생물학과 세균학이 발달하기 전까지 전염병은 무서운 재앙이었답니다. 다행히도 오늘날에는 다양한 백신이 개발되고 철저한 위생 예방 조치를 통해 확산을 막음으로써 점차 극복되고 있어요. 하지만 바이러스와의 전쟁은 끊임없이 계속된다고 봐야죠. 수많은 사람들을 공포와 죽음으로 몰아넣은 흑사병, 천연두, 독감, 콜레라, 한센병 등등의 치명적인 질병들의 역사 속으로 따라가 보기로 해요.

## 흑사병

흑사병은 인류 역사에 기록된 최악의 전염병이에요. 몸 여기저기가 시커멓게 썩어 들어가며 죽기 때문에 붙여진 이름이며, '페스트'라고도 해요. 흑사병은 감염된 사람과 직접 접촉하거나 오염된 음식물을 섭취할 때, 또는 공기를 통해 감염되지요. 4~6일간의 잠복기를 거쳐 몸에 무시무시한

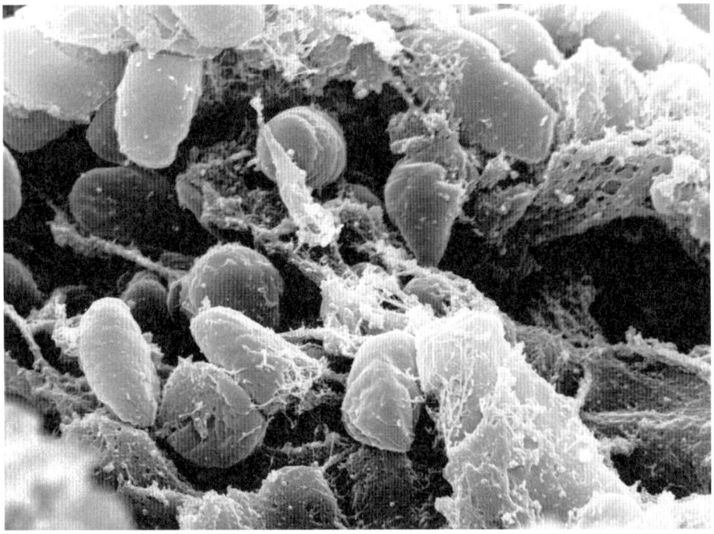

전자 현미경으로 본 흑사병 바이러스

신호가 나타나요. 허리와 머리에 통증을 느끼기도 하는데, 그래서 흑사병이 아닌 다른 병으로 오해하기도 하지요. 흑사병에 걸린 환자들은 대부분 고열에 시달리고, 목이나 겨드랑이, 사타구니에 림프선종이라고 하는 종기가 생기며 며칠 지나지 않아 고통스러운 죽음을 맞아요. 제때 치료를 하지 않으면 60~90%가 사망에 이르지요.

유럽에서는 1347년 흑사병이 처음 창궐한 이후 약 2500만 명이 사망했어요. 당시 유럽 인구의 3분의 1에 이르는 숫자였지요. 흑사병은 인류 역사상 단기간에 가장 많은 수의 목숨을 앗아 갔어요.

14세기에 유럽에 전파된 흑사병의 전염 경로에 대해서는 중앙아시아의 스텝 지역을 통해 전파되었다거나, 인도에서 기원하였다는 등 여러 가지 설이 있어요. 어쨌든 흑사병이 유럽에 들어온 데에는 몽골 제국의 유럽 원정과 관련이 있는 건 분명해요. 몽골 제국은 비단길을 통해 중앙아시아와 유

죽음의 무도에 그려진 흑사병

럽을 점령하였으며, 1347년 몽골 제국이 포위 공격을 펼쳤던 크림반도의 도시 카파에서 흑사병이 처음으로 창궐하였기 때문이죠.

이후 흑사병은 전 유럽으로 확산돼요. 14세기 초 유럽은 겨울에는 혹독한 추위가 이어지고 여름에도 이상 기후를 보이며 연평균 기온이 하락하기 시작해요. 1315~1317년에는 흉년으로 먹을 양식이 모자르는 대기근이 발생했는데, 그로 인해 흑사병에 의한 피해는 더욱 심각해졌죠.

결국 유럽 중세 시대의 막을 내리게 한 흑사병은 이후 1799년 나폴레옹(Napoléon Ⅰ, 1769~1821)의 군사들에게도 전염되었고, 19세기 말에도 중국에서 엄청난 인명 피해를 낳았답니다.

흑사병은 쥐에 의해 퍼진다고 생각하지만, 사실은 쥐의 몸에 사는 벼룩이 원인이에요. 벼룩은 감염된 쥐의 몸에 붙어서 피를 빨아 먹다가 자신도 감염되고, 다른 건강한 쥐를 물어서 병을 옮겨요. 쥐가 병으로 죽을 때쯤 벼룩은 사람에게 옮아갔고, 박테리아 또한 사람의 혈관을 통해 전염되었어요. 감염된 사람은 의식을 잃고, 고열에 시달리면서 대부분 이틀 내에 죽었어요. 소수의 사람들만이 병을 이겨 내고 살았지요.

하지만 그 시대의 사람들은 쥐가 이 병을 일으켰다는 사실을 알지 못했어요. 사람들은 나쁜 습관이나 나쁜 냄새, 심지어는 꽉 조이는 옷이 흑사병을 일으킨다고 생각했답니다.

흑사병은 중세 봉건 제도*의 몰락에도 영향을 미쳤어요. 중세의 유럽은 발전이 지지부진하고 봉건 제도와 영주들의 땅에서 일하는 농민들의 노동을 중심으로 운영되는 사회였지요. 그런데 유럽에 크나큰 변화가 생기게

* **봉건 제도** 중세 유럽에서 있었던 땅을 매개로 한 왕과 영주의 정치적 계약 관계 제도

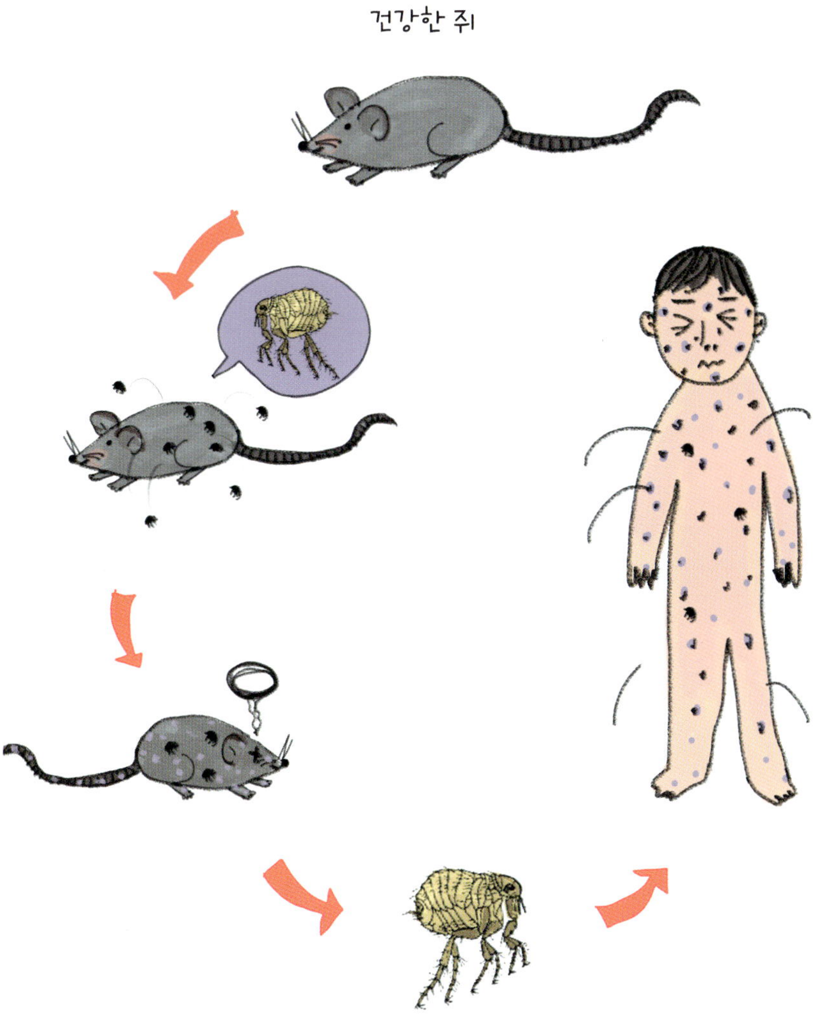


**흑사병이 퍼지는 모습**

건강한 쥐 ➜ 감염된 벼룩이 쥐를 물어요. ➜ 쥐가 죽어요. ➜ 벼룩이 사람의 몸으로 건너와요. ➜ 벼룩이 사람을 물어요. ➜ 물린 사람이 죽어요.

돼요. 흑사병이 휩쓸고 간 도시는 인구수가 눈에 띄게 줄었고, 영주와 농민의 사회적 관계도 무너졌답니다. 우선 흑사병으로 인해 일을 할 수 있는 노동자의 수가 급속도로 줄면서 임금이 급상승했습니다. 그 결과 많은 지주들이 파산을 했죠.

그런데 흑사병에 걸리지 않고 살아남은 사람들은 이전에 비해 훨씬 삶의 질이 나아졌어요. 노동자 수가 줄다 보니 농민들도 좀 더 조건이 나은 일터를 선택할 수 있었지요. 이는 유럽 사회의 봉건 제도가 몰락하는 계기가 되었어요.

17세기 이후에 항생제가 발달하면서 흑사병이 유행하는 일은 드물었어요. 오늘날에는 치료를 잘 받으면 완치도 가능하답니다.

## Tip '검역'의 단어 유래

무시무시한 전염병인 흑사병이 돌던 14세기의 유럽에서는 병을 고쳐야 할 의사들도 공포에 질렸어요. 의사들은 진료할 때 감염을 피하기 위해서 부리 같은 것이 달린 가면을 쓰고, 막대기로 환자들을 쑤시고 찔렀어요. 성직자들은 환자들에게 검소하게 지내고 뜨거운 목욕을 피하라고 권했고요. 각 지역의 관리들은 모든 방법을 써서 흑사병을 막으려고 했어요. 1397년 이탈리아 베네치아에 속해 있었던 크로아티아의 한 도시인 두브로브니크 시의회는 시를 방문하는 모든 사람을 근처의 섬에 머물게 했어요. 그리고 그들 가운데 40일 뒤에도 여전히 건강한 사람만 두브로브니크로 들어오게 했지요. 이렇게 병에 걸렸을 가능성이 있는 사람들을 따로 떼어 놓고 지켜보는 것을 '검역'이라고 해요. 영어에서 검역을 뜻하는 '쿼런틴(quarantine)'은 40일을 뜻하는 이탈리아어에서 왔어요.

## 천연두

두창 또는 마마라고도 불리는 천연두 역시 무시무시한 바이러스로 꼽힙니다. 20세기에만 3억의 인구를 죽음으로 몰아넣었으니까요. 천연두는 기원전부터 있었다고 해요. 이른바 인류 최초의 전염병인 셈이죠. 기원전 1143년에 사망한 이집트의 파라오였던 람세스 5세(Ramesses V)의 미라를 보면 얼굴에 천연두 발진 흔적이 남아 있어 그 시기에도 천연두가 유행했던 것으로 확인되었지요.

1492년 콜럼버스(Christopher Columbus, 1451~1506)가 신대륙을 발견하면서 신대륙과 구대륙 간의 생물과 인구 등 급격한 이동이 일어나죠. 이는 '콜럼버스의 교환'으로 알려져 있어요. 두 대륙 간에 여러 가지 작물 및 가축 등이 오가며 많은 영향을 미치지만, 신대륙 원주민들은 무서운 질병도

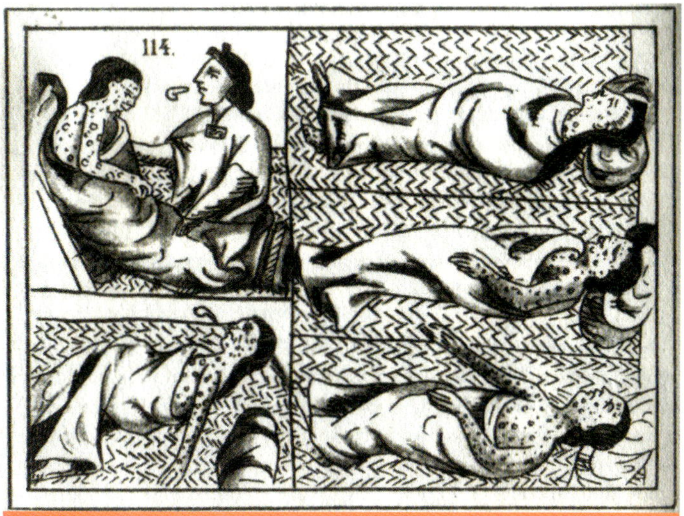


**16세기 문헌 『플로렌티아의 서』 제12권의 삽화**

에스파냐의 멕시코 정복 이후 나후아족 사람들에게 천연두가 발병한 것을 묘사하고 있다.

들이게 됩니다. 정복자들이 가져온 천연두 때문에 원주민의 95%가 목숨을 잃었거든요.

천연두 바이러스는 신분을 가리지 않아요. 프랑스의 루이 15세(Louis XV, 1710~1774) 스페인의 루이스 1세(Louis Ⅰ, 1707~1724) 러시아의 표트르 2세(Petet Ⅱ, 1715~1730) 등 큰 나라의 군주도 천연두의 위력 앞에선 꼼짝 못했어요. 1654년부터 120년 동안 천연두로 죽은 군주만 여덟 명이 된답니다.

천연두에 걸린 영국 여왕 엘리자베스 1세(Elizabeth Ⅰ, 1533~1603)가 만약 살아남지 못했다면 영국과 세계의 역사가 달라졌을 거라는 얘기도 있어요. 또 중국 역사상 가장 위대한 황제로 꼽히는 강희제(1654~1722)도 천연두 때문에 황제의 자리에 오른 인물이에요. 강희제는 어릴 적 이미 천연두를 앓아 면역이 있었거든요. 황제가 천연두로 목숨을 잃으면 안 되니까 막내아들인데도 장자 계승 규칙을 무시하고 그가 황제로 선택된 것이라고 해요.

천연두와 관련된 이야기는 이뿐만이 아니에요. 16세기 초, 에스파냐의 아즈테카 정복 전쟁에서 에스파냐에 승리를 안겨 준 것도 바로 천연두였어요. 당시 에스파냐의 군대는 고작 600명으로 그 30배가 넘는 아즈테카 원주민을 상대로 전쟁을 벌여야 했어요. 그런데 에스파냐 군대에 속한 노예들 사이에 괴질이 돌았지요. 이 괴질은 순식간에 주변 지역으로 번져 나갔고, 면역이 없던 아즈텍 원주민은 속수무책으로 죽어 나갔어요. 이 괴질은 나중에 천연두로 밝혀졌답니다.

또 1763년 미국 펜실베이니아 부근에 주둔하고 있던 영국 식민지 관리들은 강압적 통치에 반발하는 원주민들을 없앨 새로운 무기를 고안해요. 바로 인디언들에게 천연두를 전파시키는 거였죠. 그래서 인디언들에게 천

연두에 오염된 담요를 선물로 보냅니다. 몇 달 뒤 인디언 수백 명이 사망하는데, 이는 천연두가 최초의 생물 무기로 사용된 사례라고 볼 수 있어요.

이처럼 천연두는 강력하고 무서운 살상 무기가 될 수 있어요. 이 바이러스는 접종을 하지 않은 사람의 경우 치사율이 30%나 되며, 다른 생물 무기와는 달리 전염성이 매우 강해요. 단 한 명이라도 이 바이러스에 감염되면 수십만 명에게 감염시킬 수 있어요.

천연두는 바이러스에 의한 급성 전염병으로 열이 나고 약 2일 후에 발진*이 시작되며 눈에 띄는 흉터를 남기죠. 이러한 발진은 얼굴 부위에 특히 많이 나타나요. 천연두 바이러스는 바이러스 중에서도 가장 크고 복잡한 유전자 배열을 가지고 있어요. 우리 몸의 내부 조직을 파괴하여 죽이는데, 피부에 나타나는 증상이 내장 기관에도 똑같이 발생한답니다.

천연두는 환자와의 직간접 접촉으로 감염되며, 보균 동물이나 체외에서 일어나는 자연적인 바이러스 증식은 없어요. 하지만 천연두 바이러스는 작은 솜뭉치에서도 18개월 동안 살아남기 때문에 천연두 환자가 사용한 침구나 의복 등도 감염의 원인이 될 수 있어요.

천연두는 1798년 영국의 에드워드 제너(Edward Jenner, 1749~1823)가 '종두'라는 백신을 보급하면서부터 급격히 사라졌고, 1977년을 마지막으로 더 이상 환자가 보고되지 않고 있어요. 이것은 인간이 박멸한 유일한 바이러스예요.

천연두 백신을 개발한 에드워드 제너

* **발진** 피부에 작은 종기가 광범위하게 돋는 것

## Tip 효능 있는 치료법 vs 엉터리 치료법

사람들은 천연두를 치료하기 위해 다양한 방법을 생각해 냈어요. 일본의 천연두 환자들은 청주, 콩, 소금을 섞은 물로 목욕했어요. 브라질 사람들은 천연두 발진이 돋은 자리에 말똥을 문질러 발랐지요. 인도 사람들은 천연두에 걸리면 기름에 튀기거나 향이 짙은 음식을 피했어요. 유럽의 의사들은 피를 뽑는 치료를 했어요. 광물이 녹아 있는 물에서 목욕을 하면 천연두 때문에 느끼는 고통을 줄일 수 있다고 생각하기도 했죠. 그중 가장 흔한 치료법은 붉은색을 이용하는 것이었어요. 사람들은 붉은색 가리개, 붉은색 옷, 붉은색 모자가 천연두를 치료할 수 있다고 믿었죠. 하지만 이런 치료법은 효과가 없었답니다.

천연두의 치료법은 놀랍게도 천연두 그 자체였어요. 천연두가 유럽 대륙에서 위세를 떨칠 때 아프리카와 서남아시아 사람들은 이미 이 병을 예방하는 방법을 알고 있었지요. 천연두에 걸리지 않은 사람의 피부에 상처를 내고 상처 부위에 천연두 환자의 발진에서 뽑아낸 고름을 문지르는 방법이었지요. 이렇게 하면 면역력이 생겨서 어린이 여섯 명 중 다섯 명은 천연두에 걸려도 목숨을 구할 수 있었어요. 1713년에 '오네시무스'라는 이름의 아프리카 노예는 접종이라고 불리는 이 예방방법을 미국 사람들에게 소개했어요. 그리고 4년 뒤에는 영국 귀족인 메리 몬터규(Mary Montagu, 1689~1762) 부인이 이 방법을 배워 오기도 했어요.

## 콜레라

콜레라가 최초로 대유행을 한 곳은 1817년 인도 서북부 갠지스강 유역인 콜카타예요. 콜레라는 본래 인도의 풍토병*이었어요. 그런데 19세기에 영국의 식민지였던 인도의 콜카타 근처에 영국 군인들이 머물면서 콜레라와 접촉하게 된 거예요. 당시 콜카타는 세계 항해의 중심지였거든요. 콜레라는 감염된 영국 군인들을 통해 네팔과 아프가니스탄까지 번져 나가요. 이어 바다 건너 페르시아와 유럽, 동아시아를 거쳐 전 세계를 장악합니다. 콜레라는 집단으로 발병하는게 특징이거든요.

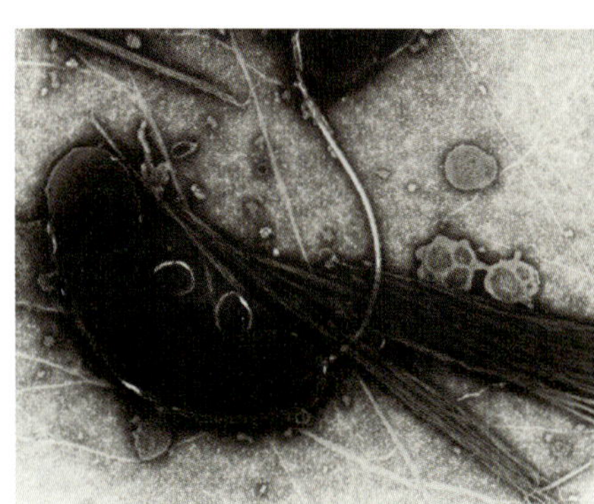
콜레라균

* **풍토병** 어떤 지역의 특수한 기후나 토질로 인해 생기는 병

콜레라의 역사는 매우 길어요. 그리스의 철학자인 디오게네스(Diogenēs, 기원전 412?~기원전 323?)도 콜레라로 죽었지요. 평소 맨발로 다니며 아무 데서나 자고 아무것이나 먹는 자유로운 생활을 즐겼는데, 날것으로 먹은 음식이 원인이 되어 콜레라로 사망했답니다. 또 러시아의 작곡가 차이콥스키(Pyotr Ilich Tchaikovsky, 1840~1893)도 콜레라로 죽었어요. 차이콥스키는 평소에도 수돗물을 그냥 마시는 습관이 있었다고 해요. 콜레라가 돌고 있을 때였으니 오염된 식수를 통해 콜레라에 감염이 된 것이지요.

1883년 독일의 미생물학자 로베르트 코흐가 콜레라균을 발견하면서 식수원에 대한 소독과 콜레라 예방 접종 등이 실시되었어요.

콜레라에 걸리면 2~3일 이내에 구토와 설사, 탈수 증세를 보이는데 탈수가 심해지면 죽는답니다. 콜레라는 수인성 전염병*이에요. 콜레라균은 날것 또는 덜 익은 해산물이 주요 감염 원인이며, 오염된 손으로 음식을 조리하거나 섭취할 때 발생할 수 있어요. 또는 콜레라균에 오염된 음식이나 물을 통해 감염되는 것이 일반적이죠.

중증 콜레라의 경우 4~12시간 만에 쇼크*에 빠지고 18시간에서 수일 내에 사망할 수 있어요. 적절한 치료를 하면 사망률이 1% 미만이지만, 그렇지 않을 경우 사망률은 50%가 넘는답니다.

콜레라는 19세기부터 100여 년간 여섯 차례 세계적인 유행이 있었으며, 현재에도 여전히 위협이 되는 질병이죠. 우리나라 콜레라 유행 역사를 보면 1963~1995년까지 집단 발생이 일곱 차례 있었는데, 1969년에 1,538명의 환자가 발생했고, 1970년, 1980년, 1991년에 각각 100명 이상의 환자가 발생했

* **수인성 전염병** 오염된 물에 의해 전달되는 질병
* **쇼크** 갑작스러운 자극으로 일어나는 정신·신체의 특이한 반응

어요. 이렇게 거의 10년 간격으로 유행한다고 해서 10년 주기설을 이야기하기도 하지만 정확히 맞는다고 보긴 어려워요.

콜레라는 비위생적인 환경이 만들어 낸 질병이죠. 콜레라 감염이 현재에도 일어나는 이유는 뭘까요? 무엇보다 콜레라 예방에 중요한 위생 수칙을 지키지 않았거나 비위생적인 지역을 여행한 경우에 감염되기 쉬워요. 하지만 일부 학자들은 지구 온난화가 콜레라의 유행과 연관이 있다는 주장도 하고 있어요.

1912년 〈르 쁘띠〉 저널 표지

죽음을 불러오는 콜레라를 표현한 그림이다.

## Tip 존 스노(John snow, 1813~1858)

대부분의 의사들은 사악한 기운이나 환자와의 접촉으로 콜레라가 감염된다고 생각했어요. 하지만 영국의 의사 존 스노의 생각은 달랐어요. 그는 오염된 물에서 병이 시작되었다고 확신했어요. 스노는 존경받는 의사였고, 마취제를 처음으로 사용한 선구자이기도 했어요. 하지만 다른 의사들은 스노의 생각을 비웃었어요. 스노는 런던의 뒷골목에서 많은 사람들의 이야기를 들었어요. 그리고 죽은 사람들이 살던 곳을 지도에 표시했어요. 그래서 빈민가에 사는 사람들이 콜레라로 얼마나 많이 죽었는지 어디에서 많은 사람이 죽었는지 알게 되었어요. 이렇게 완성된 스노의 지도는 병의 원인이 '물'이었다는 것을 증명해 주었어요. 그리고 콜레라가 퍼지는 것을 막으려면 어떻게 해야 하는지도 알게 되었어요.

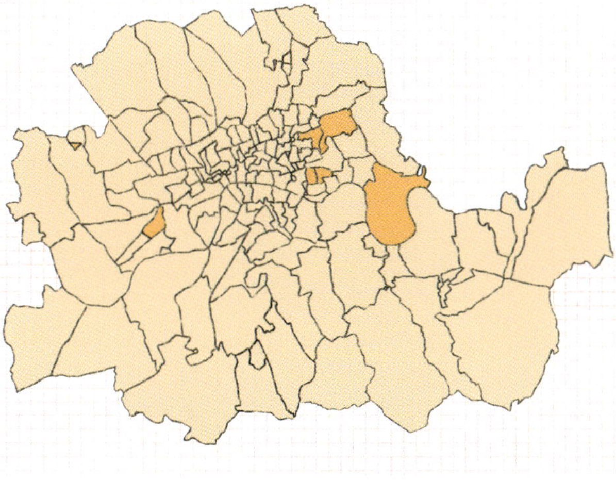

마침내 의사와 정치가들은 스노의 생각을 받아들였어요. 그래서 1859년 런던에 하수를 처리하는 시설을 만들기 시작했지요. 공중화장실에서 나온 사람들의 배설물은 이제 땅으로 스며들어 지하수에 유입되지 않고 하수를 처리하는 거대한 관을 통해 다른 곳으로 흘러갔어요. 하수 처리 시설과 수도관 설비를 마친 후 런던에서는 더 이상 콜레라가 유행하지 않았어요.

## 한센병

한센병은 흔히 문둥병 또는 나병으로 알려져 있어요. 전염병 중에서도 가장 끔찍한 차별을 받은 병이 바로 한센병이에요. 증상이 심할 경우 살이 문드러지며 신체가 변형돼 모습이 흉해지기 때문에 사람들은 한센병 환자들이 하늘이 내린 벌을 받았다며 멸시하고 박해했어요. 고대에는 한센병 환자들을 한곳에 모아 두고 회색 외투를 입게 했으며, 길을 갈 때마다 종을 흔들거나 '딱딱이'라는 막대를 쳐서 자신이 한센병 환자임을 알리도록 했

다고 해요.

한센병은 성서에도 나올 만큼 역사가 아주 오래된 병이죠. 성서에서는 한센병 자체를 부정한 죄의 상징으로 여깁니다. 성경과 고대 그리스 로마 신화를 보면 지금으로부터 3,000년 전에 한센병과 아주 비슷한 질병이 있었다는 것을 알 수 있어요. 한센병 환자들이 치료를 받지 못하면 어떻게 되는지도 묘사되어 있어요. 실제로 2009년에 고고학자들이 예루살렘 지역 힌놈 계곡을 발굴, 약 2,000년 전 동굴에 묻힌 남자의 시신에서 한센병 박테리아를 찾아냈어요.

한센병의 원인균은 1873년에 노르웨이의 한센(Armauer Hansen, 1841~1912)이 발견했어요. 이것은 세균이 병원체로 증명된 최초의 발견이기도 해요. 노르웨이에 한센병이 출현한 것은 중세 초기에 바이킹에 의해서였습니다. 노르웨이는 유럽 대륙의 다른 나라들보다 지리적으로 비교적 구석진 곳에 위치해 있기 때문에 한센병이 늦게 전파되었지요.

15세기부터 16세기에 걸쳐 유럽에서 한센병이 쇠퇴한 후에도 아이슬란드와 노르웨이 서부에는 한센병이 남아 있었답니다. 그러다 1830년대와 1840년대에 노르웨이에 한센병 환자 발생이 증가하면서 항구 도시 베르겐에 한센병 환자를 위한 병원이 여러 개 세워지게 되었고, 학문적인 연구를 지원하기 위한 재단도 설립되었지요.

한센은 베르겐의 여러 한센병 환자를 위한 병원 중 하나에서 일하고 있어서

한센병의 원인균을 발견한 한센 사진

자연스럽게 한센병에 관심을 가지게 되었어요. 한센병의 원인균이 밝혀지긴 했지만 치료 방법이 없어 사람들은 더욱 한센병을 두려워하며 환자들을 격리하게 됩니다.

한센병의 원인균인 나균의 감염력은 매우 낮아요. 유전병도 아니며, 주로 호흡기와 분비물 등을 통해 감염되므로 증상이 심한 환자와 오랫동안 가까이서 접촉이 있는 경우에만 감염이 되죠. 요즘에는 효과적인 항생제가 나와 있어 초기에 치료한다면 큰 부작용 없이 완치가 가능해요.

한센병은 감염되면 손발의 감각이 마비돼 뜨거움이나 아픔을 못 느끼기 때문에 화상 등으로 인한 상처를 입기 쉬워요. 그대로 방치하면 팔다리에 감각을 잃고, 손가락과 발가락 등이 갈퀴처럼 변하거나 떨어져 나가기도 한답니다.

우리나라의 경우 현재 한센병은 병의 진단부터 완치될 때까지 국가에서 치료비를 전액 지원해 주고 있어요.

## Tip 전쟁에서 무기로 사용되는 바이러스

전쟁이나 테러 등에 생물 무기가 사용되기도 해요. 바로 세균이나 바이러스 등으로 많은 사람들을 감염시켜 죽이는 거죠. 생물 무기의 파괴력은 그 어떤 무기보다 강력하고 무섭답니다.

최초의 생물 무기는 바로 흑사병으로 죽은 시체였어요. 14세기 중반에 몽골군은 러시아 남부 크림반도의 카파시를 공격하면서 흑사병에 걸려 죽은 시체를 투석기* 로 쏘아 보내죠. 결국 철통같이 견고하던 카파시는 흑사병으로 초토화되고 맙니다.

일본은 제2차 세계 대전 중 세균전을 펼쳤어요. 흑사병에 감염된 벼룩을 넣어 만든 세균 폭탄을 중국 만주의 인구 밀집 지역에 터뜨렸답니다. 또 우물과 시내에 콜레라균과 장티푸스균을 넣기도 했고요.

그 밖에도 1995년 일본 옴진리교의 신경가스 살포 사건이나 2001년 9·11 테러 직후 미국에서 일어난 '탄저균 테러'도 이 같은 생물 무기가 이용된 사례랍니다.

한편 1975년에는 이 같은 생물 무기와 독소 무기의 개발, 생산 및 비축을 금지하고, 이미 보유하고 있는 생물 무기의 폐기를 목표로 하는 '생물 무기 금지 협약'이 체결되었어요. 우리나라는 1987년에 이 협약에 가입하였지요.

* **투석기** 큰 돌을 성이나 적진으로 쏘아 던지던 기구

우리는 다양한 방법으로 바이러스의 확산을 막고 있어요. 하지만 바이러스의 계속되는 변이로 바이러스와의 전쟁은 쉽게 끝나지 않을 거예요. 사람뿐 아니라 동식물의 생명을 위협하고, 더 나아가 우리의 밥상에까지 영향을 미치는 바이러스에 대해 알아보기로 해요.

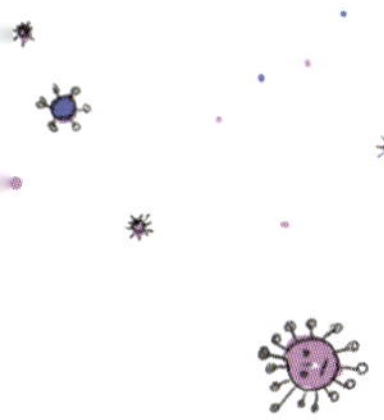

# 5장

## 오늘날의 바이러스

바이러스는 우리의 몸을 질병에 걸리게 할 뿐 아니라 동식물의 생명을 위협하고, 나아가 우리가 일상적으로 섭취하는 먹거리에까지 큰 영향을 미칩니다. 흔히 걸리는 감기나 독감을 전염시키는 바이러스, 그리고 불치병인 에이즈를 비롯하여 식물에 해를 끼치는 각종 식물 바이러스, 그로 인해 위협받는 우리의 식탁까지 오늘날 다양한 바이러스의 실태에 대해 알아보기로 해요.

## 호흡기로 전염되는 바이러스

바이러스는 주로 호흡기나 혈액을 통해 우리 몸에 침투하죠. 사스나 메르스가 호흡기로 전염되는 바이러스라는 것은 1장에서 자세히 설명했으므로 다 알 거예요. 그 밖에 호흡기로 전염되는 바이러스로는 리노바이러스, 인플루엔자 바이러스 등이 있어요.

### 리노바이러스

우리가 흔히 걸리는 감기는 30~50%가 리노바이러스 때문인데, 리노바이러스는 체온보다 조금 낮은 섭씨 33~35도에서 빠르게 번식해요. 환절기 때 급격한 온도 변화는 리노바이러스가 발생하는 원인이 돼요. 일교차가 클 때에는 우리 몸의 자율 신경* 체계의 기능이 떨어지기 쉬워 바이러스에 감염될 확률이 높아진답니다. 또 스트레스나 과로, 불규칙한 생활습관으로 면역력이 떨어지면 몸의 기능이 전반적으로 약화돼요. 온도가 낮을수록 감기에 걸릴 확률이 높고 세포의 면역력도 떨어진다는 연구 결과도 나

* **자율 신경** 몸속 여러 장기와 조직의 기능을 조절하는 신경

와 있지요.

리노바이러스는 유독 코감기 증상을 강하게 불러오는 바이러스로, 목이나 콧물에서 분비돼요. 감염 초기에는 미열, 코 막힘, 콧물, 재채기 등의 증상이 나타나는데, 시간이 지나면서 두통과 목감기로 전이돼요. 잠복기는 2~5일로 1주일 정도 감기 증상이 계속되다가 치유되지요. 그러나 면역의 지속은 짧기 때문에 재감염되기 쉬워요. 1년에 4~5회나 걸리는 사람도 있고요.

바이러스균이 계속 증식할 겨우 비염, 축농증, 인후염, 편도염, 중이염 등으로 전이될 수 있어요.

## 인플루엔자 바이러스

약 10만 배 확대한 인플루엔자 바이러스의 투과 전자 현미경(TEM) 사진

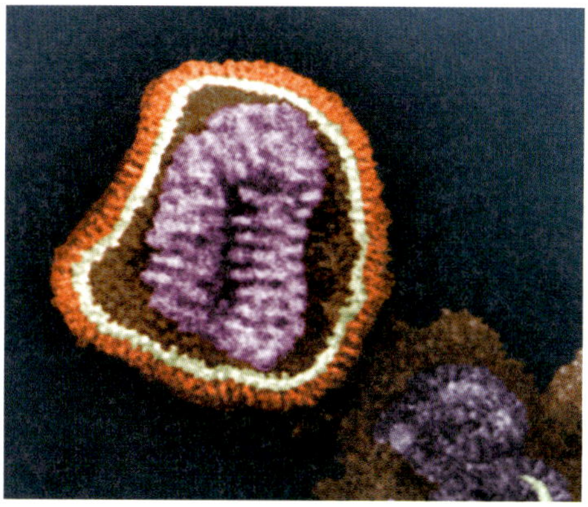

인플루엔자 바이러스는 흔히 '독감'이라고 해요. 독감을 일으키는 인플루엔자 바이러스는 이탈리아어로 '추위의 영향'이라는 뜻이에요. 1743년 이탈리아에서 감기가 대대적으로 유행할 때 붙여진 이름이랍니다. 우리가 흔히 감기가 심해진 것이 독감이라고 알고 있듯이 그 당시에도 그렇게 생각했다고 해요.

감기랑 독감은 증상은 비슷하지만 서로 다른 질병이에요. 인플루엔자 바이러스로 인한 독감은 그 증상이 감기보다 더 빠르고 심한 편이며 갑작스러운 고열과 심각한 근육통이 나타나죠. 독감은 면역력이 약한 노약자에게 폐렴 등의 합병증을 일으킬 수 있어 심하면 죽음에까지 이르는 무서운 질병이에요. 최선의 예방법은 인플루엔자 백신을 접종하는 거랍니다.

## 혈액으로 전염되는 바이러스

혈액으로 전염되는 바이러스 중에 가장 심각한 것은 바로 후천 면역 결핍증인 에이즈를 일으키는 HIV(인간 면역 결핍 바이러스)예요. HIV는 말 그대로 인간의 면역 체계를 파괴하여 감기 같은 가벼운 질병으로도 죽음에 이르게 할 수 있는 무서운 바이러스죠.

**에이즈의 숙주 동물인 녹색 원숭이**

중앙아프리카에 서식하는 녹색 원숭이의 60%가 HIV를 지니고 있지만, 이들은 그에 맞는 항체를 가지고 있어서 에이즈에 걸리지 않는다.

1950년대 말, 유럽과 미국 등의 선진국이 아프리카를 개발하는 과정에서 중앙아프리카의 녹색 원숭이에게서 감염되어, 미국과 유럽으로 전파된 것으로 추정하고 있어요.

이 바이러스는 침이나 땀, 눈물, 콧물이나 호흡기와 같은 다른 경로로는 절대 전염되지 않아요. 1982년 이 바이러스는 피나 체액*을 통해서만 전염된다는 것이 밝혀졌지요. 하지만 아물지 않은 상처를 통해서 침투가 가능하여 오염된 주사기를 공동으로 사용한다거나, HIV에 오염된 혈액이나 일부 체액에 노출되는 경우 에이즈에 감염될 수도 있어요. 주로 주삿바늘에 찔리거나 상처를 통해 감염이 되죠. 1991년 말부터 급속도로 전 세계에 퍼져, 지금은 감염자가 3300만 명에 달한다고 해요.

일반적으로 HIV에 감염된 초기에는 감기 증상과 같은 짧은 급성 HIV 증상을 보인 후, 오랫동안 잠복기에 들어가게 돼요. 잠복기 동안 별다른 증상은 나타나지 않지만 HIV 바이러스가 급속히 증가하게 되면서 면역 기능을 떨어뜨리지요. 면역력이 심하게 파괴되어 한계점에 이르게 되면 이로 인한 여러 합병증들이 생기는데, 이 상태를 '에이즈'라고 부릅니다. 면역 저하로 인해 건강한 사람에게는 거의 발생하지 않는 여러 종류의 감염성 질환이 발생하고 악성 종양들이 많이 생겨 사망까지 이르게 돼요. 안타깝게도 에이즈는 완치가 불가능해요. 그래서 평생토록 약을 먹고 치료를 받아야 하지요.

## 식물 바이러스

식물에게 치명적인 바이러스로 농작물이 받는 피해액은 연간 1조 원이 넘는다고 해요. 오이, 토마토, 수박 등의 열매채소에 바이러스가 발생하면 거의 수확을 하지 못하죠. 최근에는 농산물의 자유로운 교역이 확대되고 고온다습한 기후 변화 때문에 식물에 신종 바이러스가 발생하고 있는 것

* **체액** 몸속 혈관이나 조직의 사이를 채우고 있는 혈액, 림프, 뇌척수액 따위

으로 알려졌어요.

식물 바이러스는 인체에 해를 끼치지는 않아요. 오로지 식물에만 감염되죠. 식물 바이러스는 세계적으로 약 2,000여 종이 있으며 우리나라에서도 120여 종이 보고되었어요.

잎사귀가 두꺼워지며 말리는 감자잎 마름병이나 담배 모자이크병 등은 오래전부터 알려진 식물 바이러스로 인한 병이에요.

### 감자잎 마른병

1580년대에 아일랜드에 전래된 감자는 오랫동안 아일랜드인의 주식이 되었어요. 그런데 유럽 전역을 휩쓴 감자잎 마름병이 퍼지면서 1840년대에는 유례없는 기근이 겹쳐 전체 800만 명의 인구 중에 200만 명이 굶어 죽는 참사가 발생하죠. 당시 아일랜드는 영국의 식민 지배를 받고 있었는데, 영국의 지주들이 밀과 옥수수 등의 곡식을 수확하는 대로 가져가 버려서

감자잎 마름병에 걸린 감자 잎사귀

아일랜드인들은 먹을 것이 없었어요. 그래서 주식으로 감자만이 남아 있는 정도였죠. 그러던 중 감자잎 마름병이 퍼져 단 하나의 먹거리마저 말라 죽자, 사람들은 굶주렸고 결국 길거리에 시체가 넘쳐났습니다. 아일랜드인들은 영국에 도움을 요청했지만, 영국은 모든 게 신의 섭리라며 모른 척했고, 결국 많은 아일랜드인들이 목숨을 잃거나 미국으로 이민을 떠납니다. 바이러스가 한 나라의 역사를 바꾼 유명한 이야기죠.

## 담배 모자이크 바이러스

식물 바이러스 가운데 담배 모자이크 바이러스는 최초로 발견된 바이러스예요. 담배 모자이크병을 일으키는 균이 처음에는 바이러스인 줄 몰랐죠. 1892년 러시아의 이바노프스키는 세균 여과기로도 걸러지지 않은 이 물질을 발견해요. 하지만 이 물질이 바이러스임이 규명된 것은 1930년대 광학 현미경이 개발되고 나서였답니다.

담배 모자이크 바이러스는 단단한 막대 모양을 하고 있으며 담배나 가지과 식물에게 쉽게 감염되는 바이러스예요. 식물의 접촉이나 즙을 통해서 다른 식물을 전염시킵니다. 감염이 되면 꽃이나 잎, 과일 등에 얼룩 반점이 모자이크처럼 나타나 잘 자라지 못해 수확량이나 작물의 질이 크게 떨어지죠.

여름철 즐겨 먹는 달고 맛있는 수박도 바이러스에 감염되면 잎이 퇴색하며 모자이크 증상이 나타나고 혹 모양의 녹색 돌기가 생겨요. 과육이 무르고 황색 섬유질이 생기거나, 피수박이 되기도 하죠. 수박에 발생하는 바이러스병은 오이 모자이크 바이러스, 수박 모자이크 바이러스, 파파야 원문 반점 바이러스, 오이 녹반 모자이크 바이러스, 멜론 괴저 반점 바이러스 등으로 알려져 있는데 이 중 오이 녹반 모자이크 바이러스에 의한 피해가 가장 크다고 해요.

최근에는 식물 바이러스 항체를 대량 생산하는 기술이 개발돼 피해를 줄일 수 있게 되었어요. 그동안 식물 바이러스 항체를 만들려면 쥐나 토끼 등 실험동물에 병원체를 주사한 후, 혈액 속에 생성되는 항체를 뽑아내야 해서 생산에 제약을 받아 왔지요. 그런데 인간에게 있는 항체 생산 유전자를 이용해 특정 식물 바이러스에 반응하는 항체만을 골라 시험관에서 대량 생산하는 방법이 가능해졌답니다.

ⓒ 농촌진흥청

바이러스에 감염된 수박의 과육과 잎

## 바이러스로부터 위협받는 밥상

기원전 1000년 전부터 북부 스페인에서 러시아에 이르기까지 거의 전 세계에 걸쳐 근육 경련과 불안, 떨림, 환각과 정신 이상, 손가락과 팔다리의 괴저*, 유산, 심하면 사망에 이르는 병이 발생하는 경우가 있었어요. 초기 증상으로 몸이 불에 타는 것처럼 심한 통증이 있기 때문에 사람들은 이 병을 '악마의 저주', 또는 '지독한 화염'이라고 이름을 붙였답니다. 이러한 무서운 병의 정체는 '맥각균'이라는 병원균에 감염된 맥각 중독증으로 밝혀졌어요. 사람이나 동물이 맥각을 만드는 곰팡이에 감염된 곡물을 먹었을 때 생기는 식중독 증상이죠.

맥각 중독증으로 불구가 된 사람들

* **괴저** 조직이 죽는 현상

맥각병은 호밀에 흔히 발생하며, 밀, 보리, 귀리에서도 발병해요. 대게 주식이 되는 곡물이죠. 이러한 맥각병으로 인해 994년에는 2만~5만 명 정도가 죽었으며 1722년에는 러시아의 군대 병사 2만 명이 감염된 밀로 만든 빵을 먹고 죽었다는 기록이 있답니다.

또한 2001년에는 미국 텍사스에서 수확한 밀에서 맥각병이 발견되었는데, 발견된 지 하루만에 25개국이 그 지역에서 생산된 밀의 수입을 금지시켰어요. 요즘은 살균제가 발달하여 맥각병은 식물에 심각한 영향을 미치지 않아요. 그런데 많은 국가들이 그토록 빠르게 대응한 이유가 뭘까요? 바로 맥각균이 생산하는 독소가 사람과 동물에 치명적이기 때문이에요.

맥각균은 식물의 종자에 맥각이라는 것을 생성하는데, 이 맥각이 우리 몸의 중추 신경계에 영향을 미치고 정맥을 수축시켜 괴저를 일으키게 한답니다.

그 밖에도 1950년대에는 파나마 지역에서 곰팡이가 일으키는 파나마병이 발병해 바나나 재배 지역이 황폐화되면서 생산이 중단된 적도 있어요. 1869년에는 스리랑카에서 발병한 커피녹병이 온 커피 농장을 초토화시켰답니다. 커피녹병에 감염되면 주황색의 곰팡이 포자가 커피나무 잎 전체를 뒤덮으며 잎이 떨어지게 돼요. 녹병으로 잎이 떨어진 커피나무는 광합성이 되지 않아 열매가 맺히지 못하지요. 열매 수확량이 50% 이상 감소하면서 치명적인 피해를 입은 농장들은 결국 커피나무 대신 차나무를 심게 돼요. 따지고 보면 지금의 스리랑카가 세계 최대의 차 수출국이 된 것도 커피녹병 덕분이라고 할 수 있겠죠.

이처럼 사람을 직접적으로 감염시키는 병원균뿐만 아니라 식물의 병원균도 우리의 밥상을 위협하고 있어요.

실제로 치명적인 식물 병원균들은 생물 무기로도 등록되어 있지요. 현재 세계 각국에서는 자국에 식물 병원균이 외부에서 유입되지 않도록 수입 농산물을 철저하게 검사하는 등 세심한 주의를 기울이고 있답니다.

바이러스 질병을 예방하는 방법으로 우리는
백신을 맞기도 하고, 몸의 면역력을 키우기도 해요.
백신이라는 용어는 언제 처음 사용되었으며,
백신은 어떻게 만들어지는 걸까요?
또 면역력을 키우는 방법에는 무엇이 있을까요?
이번 장을 통해 함께 살펴봐요.

# 6장

# 바이러스 예방법

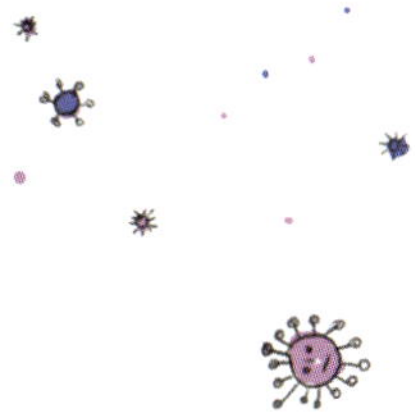

## 바이러스와 백신

백신은 미생물 병원체가 일으키는 질병을 예방하고 치료하기 위해, 병원체나 병원체에서 나오는 독성 물질을 아주 약하게 만든 인공 항원을 말해요. 백신을 미리 접종받으면 병을 예방할 수 있고, 병에 걸리더라도 가볍게 앓은 뒤 지나갈 수 있어요. 살아 있는 병원체를 이용한 백신은 저렴하고 적은 양으로 강력한 면역력을 낼 수 있지만, 실제로 질병을 유도할 가능성이 있다는 게 단점이죠. 반면에 죽은 병원체를 이용하여 백신을 만들면 부작용이 적고 전염병에 걸릴 위험도 줄어들어요. 대신에 면역 지속 시간이 짧고 추가 접종이 필요하지요. 또한 죽은 균으로는 항체가 제대로 만들어지지 않는 특정한 병원체들도 있어요. 그래서 천연두, 결핵, 황열, 홍역, 풍진 등은 살아 있는 균을 이용해 백신을 만든답니다.

예를 들면 독감 백신은 독감 바이러스 자체를 사용하는 것이 아니라, 독감 바이러스에서 항원으로 작용하는 특정 부분만을 분리해 사용해요. 그렇다면 독감 백신이 어떻게 독감을 예방해 주는지 알아볼까요? 독감 백신을 접종하게 되면 우리 몸이 항원에 대한 항체를 생성하고, 기억하죠. 그래서 백신이 아닌 실제 독감 바이러스가 우리 몸에 들어오면 우리 몸은 백신 접종 때를 기억해 내고 그에 맞는 항체를 생산해 내는 거죠. 그래서 독감에 걸리지 않게 되는 거예요.

백신이라는 용어는 루이 파스퇴르가 맨 처음 사용했어요. 그러나 백신의 어원이 라틴어로 암소를 의미하는 '바카(vacca)'에서 유래한 것은 파스퇴르보다 먼저 예방 접종법을 시행한 에드워드 제너가 소를 이용하여 천연두 백신을 개발했기 때문이죠.

바이러스는 특히 변종이 많아 백신 개발에 어려움을 겪어요. 에이즈 바

이러스의 경우 20년 전에 바이러스가 발견되었지만 백신이 개발 단계에 이르면 바이러스가 또 다른 형태로 모습을 바꾸어 그동안의 연구가 물거품이 되고 말았어요. 백신마다 유효 기간이 다른 것도 예방을 어렵게 해요. 인플루엔자의 경우 백신의 유효 기간이 3개월, 길어야 6개월이거든요. 홍역처럼 한 번 백신 접종을 하면 20~25년간 다시 접종할 필요가 없는 경우도 있어요. 그런데 모든 백신의 면역 기간이 명확하게 밝혀진 건 아니에요. 천연두나 소아마비 등도 백신을 한 번만 접종해도 평생 예방되는 것으로 알려져 있지만 언제 병원균이 자기 몸을 바꿀지 알 수 없어서 재접종해야 할 수도 있다고 해요.

현재 독감 백신은 달걀에 독감 바이러스를 키워 백신을 생산해 내고 있어요. 한 개의 백신이 개발되기까지는 대략 7년이 걸린다고 해요. 그러나 어렵게 개발이 되어도 바이러스의 변이 때문에 소용이 없게 되기도 하고, 심한 부작용으로 사용하지 않는 경우도 있죠.

### Tip 우리 몸의 면역 체계

바이러스는 다른 병원체와 달리 우리 몸속의 세포 안에서 증식합니다. 따라서 바이러스를 없애려면 우리 몸의 세포까지 죽여야 하므로, 없애는 데에 어려움이 있습니다. 다행히 우리 몸은 스스로 깨끗한 상태를 유지하려는 특별한 기능을 가지고 있어서, 낯선 물질이 몸 안으로 들어오면 이것을 제거하려고 노력합니다. 이러한 기능을 '면역'이라고 합니다. 면역 기능은 몸속에 들어온 낯선 물질을 '항원'으로 보고, 이것을 붙잡아 없앨 수 있는 '항체'라는 물질을 만들어 냅니다. '항원-항체 반응'을 통해 항원을 분해시켜 우리 몸을 안전하게 만드는 것입니다.

## 면역계

면역계란 한마디로 질병이나 해로운 이물질로부터 우리 몸을 지켜 주는 세포, 분자, 조직의 집단이라고 할 수 있어요. 면역계는 우리 몸에 침입해 해로운 영향을 줄 수 있는 다양한 물질로부터 몸을 보호해 줘요. 이를테면 세균, 곰팡이, 기생충, 바이러스 등 질병을 일으키는 생물체 등이 여기에 포함되죠.

면역계의 가장 중요한 특징은 신체의 건강한 조직은 그대로 두고 외부에서 침입한 물질만 파괴한다는 점이에요. 물론 면역계가 건강한 조직을 공격해 손상을 주는 경우도 있어요. 이런 반응을 '자가 면역 반응'이라고 해요.

면역계만으로는 모든 질병에서 우리 몸을 보호할 수 없어요. 그래서 생명을 위협하는 무서운 감염증을 예방하기 위해 백신을 접종하는 거예요. 백신은 특정한 바이러스나 세균에 저항하는 신체의 능력을 높여 주지요. 백

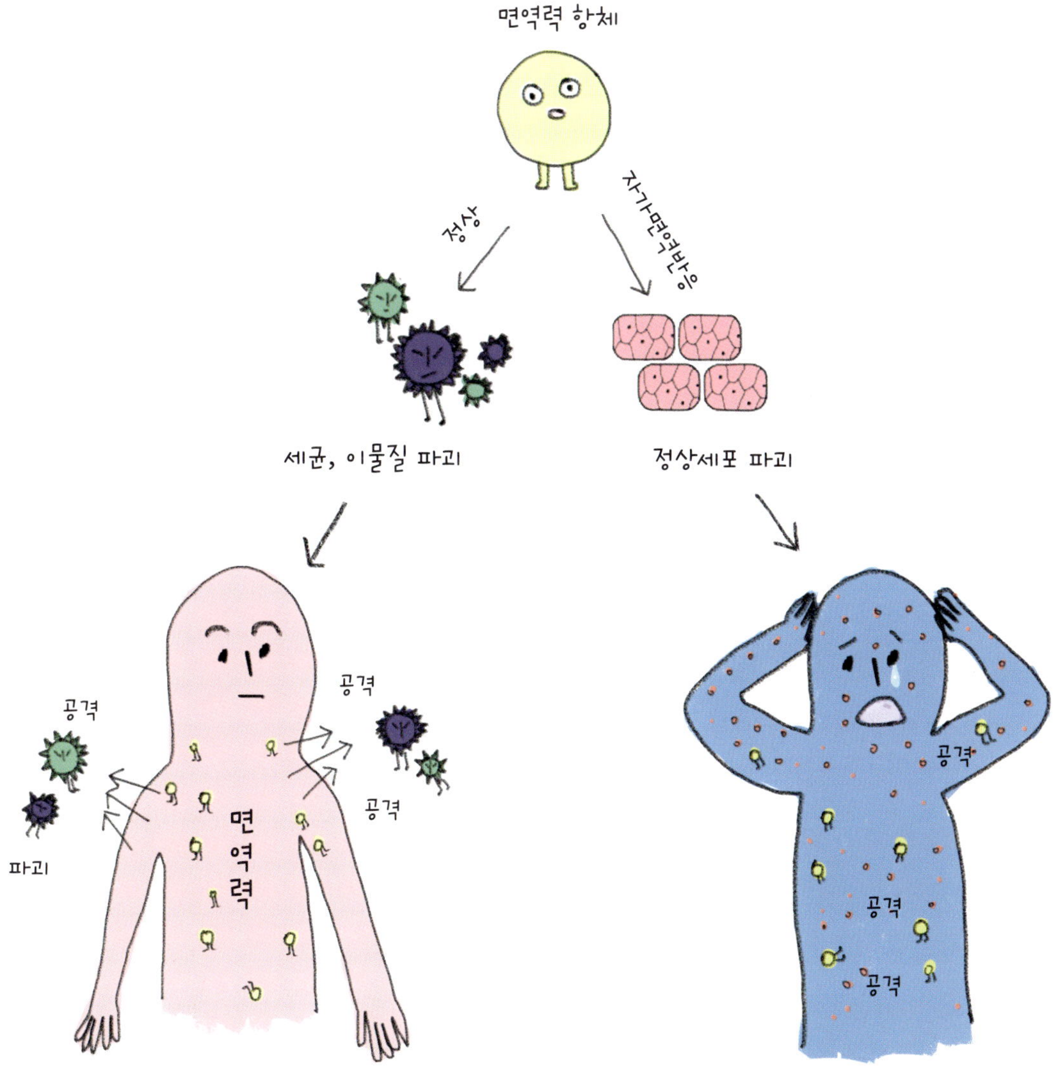


신 등을 몸속에 투여하는 과정을 '면역 조치' 또는 '예방 접종'이라고 해요.

면역을 유도하는 방법에는 크게 능동 면역과 수동 면역 두 가지가 있어요. 능동 면역은 외부에서 체내로 들어간 항원에 의해 숙주 자신이 면역을 얻게 하는 것이고, 수동 면역은 항체나 항체가 포함된 혈청을 투여하여 감염 질환을 신속하게 예방하거나 치료하는 면역이지요. 수동 면역은 보통 수주에서 수개월이 지나면 항체가 소실돼요.

신생아의 경우에는 면역 기능이 약해서 모유 수유 시 초유에 포함되어 있는 항체를 전달받게 돼요. 바로 자연적 수동 면역에 해당되죠. 수동 면역은 지속 시간이 짧아요. 그래서 면역력이 없는 개체가 병원체가 포함된 물질에 노출되는 경우나 진행 중인 질환의 증상을 약화시키고자 할 때, 그리고 세균 독소의 작용을 억제하기 위한 경우 등 일시적으로 면역 기능을 부여하기 위해 사용된답니다.

능동 면역은 항원에 특이적인 체액성 면역 반응 및 세포성 면역 반응을 생성하도록 면역 체계를 자극하는 거예요. 수동 면역과 달리, 능동 면역은 대개 수년간 지속되며 평생 지속되기도 해요.

병원체에 노출되면 자연적인 능동 면역이 생성돼요. 특정 미생물에 의한 감염 질환을 직접 앓고 난 후에 얻어질 수 있는 자연 면역은 평생 동안 지속돼요. 항원에 노출된 후에는 기억 B세포들이 혈액 속에서 수년간 돌아다니는데, 특정 해당 항원에 다시 노출되면 이러한 기억 세포들이 증식하며 항체를 생산하여 신속하게 방어 능력을 갖추는 거죠. 이렇게 감염 후 수년 동안 예방 효과가 지속되는 것을 '면역 기억'이라고 해요.

백신 접종은 인공으로 능동 면역을 생성하기 위해 하는 거예요. 백신은 면역 체계와 상호작용을 하며 흔히 자연 감염과 비슷한 면역 반응을 유발할 수 있으나, 접종받은 사람을 그 질환과 그 질병의 잠재적 합병증의 위험에 노출시키지는 않아요.

면역은 19세기 말에서야 학문으로 인식하기 시작했어요. 그 이전엔 면역계 작용에 대한 연구가 거의 없었죠. 현대의 면역학은 기본적인 예방 접종 기술 외에도, 원하는 치료를 하기 위해 약물이나 다른 물질로 신체의 면역 체계를 조작하는 등 점점 복잡해지고 있어요. 면역학은 아토피나 꽃가루 알레르기의 치료에도 중요한 역할을 한답니다.

### Tip 백신으로 예방할 수 있는 바이러스

백신은 팔에 주사를 맞는 근육 주사 형태 외에도, 약으로 먹는 형태의 백신이나 코와 입의 점막에 뿌리는 백신, 패치로 붙이는 백신, 물처럼 마시는 형태의 백신 등등 다양한 형태의 백신이 연구되고 있어요. 가장 많이 사용하는 근육 주사 형태의 백신 접종은 주사기가 뾰족하고 아프기 때문에 어린이든 어른이든 거부감을 갖게 마련이에요. 게다가 접종을 실시할 의료 인력과 대량의 일회용품이 필요하죠. 쉽게 말해 비용이 많이 든답니다.

1870년 루이 파스퇴르가 닭 콜레라를 연구하면서 최초로 약독화 생균 백신을 개발한 이후 세균이나 바이러스 감염을 막기 위한 수많은 백신이 개발되었죠. 현재 백신이 나와 있는 바이러스를 살펴보면, 천연두, 수두, 광견병, 뇌수막염, A형 간염, B형 간염, 인플루엔자, 일본 뇌염, 홍역, 소아마비, 로타바이러스, 풍진, 대상 포진, 유행성 이하선염 등이 있어요.

## 내 몸의 면역력을 키우는 방법

늘 감기를 달고 사는 사람이 있는가 하면, 심각한 바이러스가 유행해도 끄떡없는 사람이 있죠. 바로 면역력의 차이랍니다. 평소 면역력을 키우는 생활을 하는 것이 내 몸을 건강하게 지키는 비결이에요. 쉽고 간단하지만 소홀히 하기 쉬운, 면역력을 키우는 방법들을 소개할게요.

### ① 충분한 수면을 취한다.

잠이 보약이라는 말도 있죠. 밤에 충분히 자지 못하면 다음 날 몸이 피로하고 집중력이 떨어져 생활하는 데에 문제가 생겨요. 늦게 잔다거나 밤낮을 바꿔 생활하는 기간이 오래 계속되면 신체 리듬이 깨져 면역력이 떨어지기 쉽습니다. 규칙적인 시간에 충분히 자는 것이 면역력을 유지하는 데에 반드시 필요해요. 어린이의 경우 하루 9시간 이상 수면을 취하는 것이 좋아요. 특히 밤 11시부터 새벽 3시까지는 우리 몸도 쉬는 시간이에요. 이 시간에 몸의 세포를 재생시켜 주고 면역력에 도움이 되는 멜라토닌과 성장 호르몬이 강하게 분비된답니다. 잠이 오지 않을 때에는 방 안을 어둡고 조용하게 해 주고, 잠자리에 들기 약 2시간 전쯤 20~30분간 따뜻한 물로 목욕을 하는 것도 도움이 돼요.

### ② 손 씻기를 생활화한다.

손 씻기의 중요성은 아무리 강조해도 지나치지 않아요. 손은 각종 유해 세균과 가장 많이 접촉하는 부위지요. 하루에 여덟 번 이상 손에 비누를 묻혀 거품을 충분히 낸 다음, 흐르는 물에 구석구석 씻어야 해요. 손 씻기와 더불어 집 안을 청결하게 유지하

는 것도 중요해요. 충분히 환기를 시키고 집 안 구석구석의 먼지를 없애 줘야 곰팡이나 진드기로 인한 질병을 막을 수 있답니다.

### ③ 삼시 세끼 골고루 먹는다.

균형 잡힌 영양은 우리 몸을 튼튼하게 해 주지요. 하루 세끼를 거르지 말고, 음식은 골고루 먹는 습관을 길러야 한답니다. 특히 면역력 강화에 좋은 음식을 꾸준히 섭취하는 것도 좋은 방법이죠.

흰 쌀밥보다는 현미밥을 먹고, 비타민 A와 C가 풍부한 녹황색 채소나 토마토, 당근, 살구, 복숭아 등을 먹는 게 좋아요. 기름기가 많은 고지방 음식물을 줄이고, 섬유질이 많이 들어 있는 채소를 섭취하는 것도 도움이 되죠. 이 밖에 면역력을 높여 주는 식품으로는 콩으로 만든 제품, 마늘, 양배추, 버섯 등을 추천합니다.

### ④ 매일 꾸준히 적당한 운동을 한다.

가벼운 운동을 하면 몸의 긴장이 풀리고 자율 신경 중 하나인 부교감 신경을 활성화시켜 줘요. 이 부교감 신경이 면역계를 자극하죠. 또 면역 세포와 림프액의 흐름을 활발하게 해 혈액 순환이 좋아지고, 병원균의 침입으로부터 우리 몸을 보호해 주는 세포인

백혈구 수가 증가된답니다. 하지만 지나치게 무리한 운동은 삼가야 해요. 오히려 면역계의 활동을 억제할 수도 있거든요. 약간 땀이 날 정도로 조금 빠르게 걷거나, 등산, 수영, 스트레칭 등 가볍게 즐기면서 할 수 있는 운동이 좋아요.

**⑤ 긍정적으로 생각한다.**

스트레스야말로 만병의 근원이에요. 우리 몸은 스트레스를 받으면 특정 호르몬을 분비하는데, 이것이 몸속 면역 성분의 활동을 억제하지요. 스트레스를 받지 않고 마음을 잘 다스리는 것도 면역력을 강화하는 방법이랍니다.

스트레스를 받게 되면 상처가 났을 때 회복도 느리고, 백혈구의 기능도 크게 떨어져요. 모든 일에 적극적으로 행동하고 항상 웃는 습관을 들이며 긍정적인 사고를 갖는 것만이 스트레스를 물리치는 비법이에요.

한 가지 더! 예방 접종과 주기적으로 병원을 찾아 건강 검진을 받는 일도 빼놓지 않아야겠죠.

**Tip 항생제 올바로 사용하기**

항생제에도 죽지 않는 슈퍼 박테리아의 등장은, 앞으로는 암으로 죽는 환자보다 항생제 내성균으로 죽는 사람이 더 많을 것이라는 항생제의 심각한 부작용을 말해 줍니다. 세균 감염증에 대한 치료제로 쓰이는 항생제가 오히려 새로운 위협이 되고 있지요.

항생제의 부작용이라면 무엇보다도 내성이에요. 세균도 하나의 생물이기 때문에 항생제의 공격에 맞서기 위해 스스로 유전자 변이를 일으키거나 내성균에서 유전자를 전달받아 내성을 갖게 돼요. 항생제 내성은 당연히 생기는 것이지만 항생제의 남용으로 내성균이 더 빠르게 등장한다는 것이 문제죠. 우리나라는 항생제 내성률이 OECD 국가 중에서 1위라고 해요.

이 외에도 항생제의 다른 부작용 증상으로는 메스꺼움과 소화 불량 등 소화기 계통의 이상 증세가 나타나요. 또는 알레르기 증상이 발생하며 두드러기, 호흡 곤란, 쇼크 등으로 이어지기도 하고, 항생제가 장내 유용한 세균을 죽이기 때문에 복통과 설사를 일으키는 경우도 있답니다.

항생제는 흔히 병원에서 처방받아 복용하는 걸로 알고 있지만 우리가 흔히 먹는 돼지고기, 벌꿀, 소고기 등에도 항생제가 들어 있답니다. 가축에게 항생제가 들어간 사료를 먹이기 때문이죠.

어린이 스무 명을 대상으로 검사한 결과 열세 명에게서 항생제 내성균이 검출되었다는 보고도 있어요. 이 내성균 때문에 폐렴, 식중독, 중이염, 관절염, 골수염 등 항생제로 쉽게 치료가 가능했던 질병들의 치료가 점점 힘들어진다고 해요. 감기에 걸려도 쉽게 낫지 않고, 거기다 면역력이 떨어지게 되면 세균으로 인한 질병에 감염될 위험이 높아지는 거죠.

항생제 사용의 첫 번째 규칙은 사용하지 않는 것이고, 두 번째 규칙은 되도록 많이 사용하지 않는 것입니다.

다른 나라에서 발병한 전염병에
왜 전 세계인들이 두려움에 떠는 걸까요?
바이러스에는 국경이 없기 때문이에요.
바이러스는 앞으로 어떻게 변화할까요?
우리는 이 바이러스들에 어떻게 대처해야 할까요?
바이러스의 미래에 대해 생각해 봐요.

# 7장

# 미래로 가는 바이러스의 연구

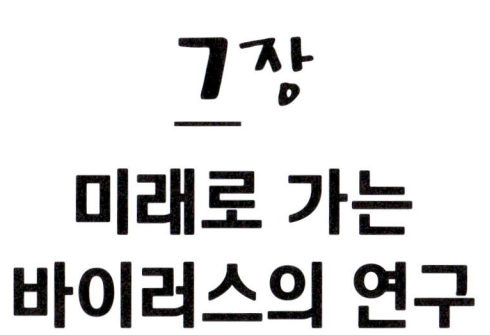

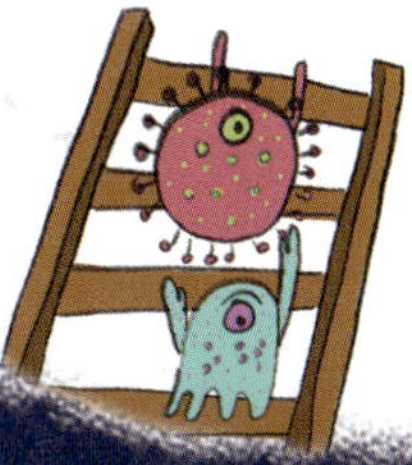

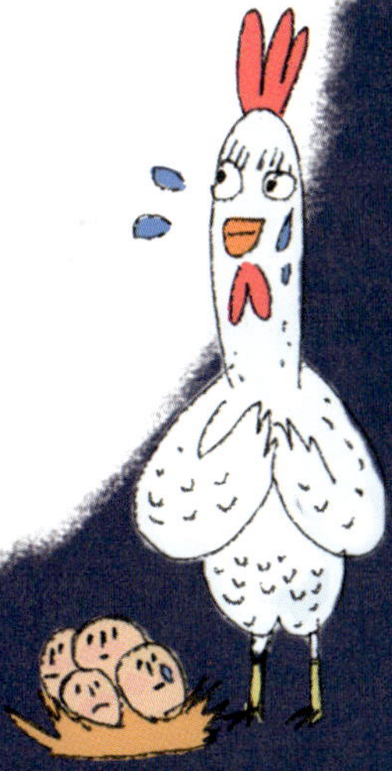

## 신종 바이러스와 변이

2016년 11월, 우리나라 전국을 강타한 고병원성 조류 독감 사태가 갈무리되는가 싶더니 2017년 6월, 전북에서 다시 발생한 조류 독감이 제주도를 비롯해 경기도, 부산 등 여러 지역으로 확산되었지요. 조류 독감은 주로 겨울에 발생하는데, 이 같은 이례적인 여름철 조류 독감과 관련해 조류 독감 바이러스의 변이 가능성이 제기되고 있답니다.

신종 바이러스의 출현 때문에 세계적인 바이러스 대공황을 우려하는 목소리가 높아지고 있을 정도예요. 2015년, 지카 바이러스가 발병해 세계 84개국으로 확산되면서 세계보건기구에서는 '국제적인 공중 보건 비상사태'를 선포하기도 했었지요.

사실 공기 감염 우려가 적은 에이즈나 에볼라보다 더 심각한 것이 바로 2013년 중국에서 시작된 A형 조류 독감이에요. 그동안은 조류와 조류 사이에서 감염을 일으켰으나, 이제는 사람에게 옮길 수 있게 진화했기 때문이지요. 사람이 조류 독감에 감염될 경우 치사율이 41%나 돼요. 일본의 한 감염병 연구 전문가는 도쿄 시내에서 조류 독감 환자 한 명이 발생했을 경우, 2주면 전국으로 퍼져 35만 명이 감염되고 수개월 안에 최대 64만 명이 목숨을 잃을 수 있다고 경고하기도 했어요.

신종 바이러스는 대부분 동물에서 유래해요. 메르스와 사스 역시 동물에 있던 바이러스가 사람을 감염시키면서 일어난 신종 호흡기 질환이죠. 두 바이러스는 비슷하지만 계통은 서로 달라요. 동물 세포에서 증식하던 바이러스가 사람 세포를 감염시킬 수 있는 것은 바이러스의 변이 때문이랍니다.

잘 알다시피 바이러스는 숙주를 이용해 세대를 이어 나가죠. 그러려면 먼저 자신에게 적합한 숙주를 선택하는 게 중요해요. 예를 들어 에볼라는 박쥐, 메르스는 낙타, 지카는 모기 등을 선택하죠. 그리고 숙주에 들어가 자신의 유전자를 대량 증식하고 숙주를 죽일 것인지, 아니면 또 다른 숙주로 퍼지게 할지 선택해야 한다고 해요.

바이러스는 숙주에 자신의 유전 물질을 복제해 증식하는 과정에서 자신의 바이러스 염색체만 복사하는 것이 아니라 숙주의 염색체 일부를 같이 복사하기도 하는데, 이러한 복제 과정에서 돌연변이를 만드므로 새로운 변종 바이러스가 계속 생겨나게 된답니다.

대부분의 변이나 돌연변이들은 환경에 적응하지 못하고 소멸돼요. 하지만 그중에 몇몇은 환경에 적응해 변이를 일으켜 인류를 위협할 수 있지요.

## 바이러스를 실어 나르는 비행기

바이러스는 국경이 없다는 말은 사실이에요. 세계화로 지역 간의 국경이 없어졌듯이 질병에 관한 국경이 없어진 상태지요. 또한 바이러스가 돌연변이로 변이해 치료제나 백신을 소용없게 만들거나 위협적인 바이러스가 기후 변화로 생활 터전이 넓어지는 등의 위험도 있답니다.

2015년 브라질에서 대량 감염이 발생한 지카 바이러스는 국경을 넘어 빠르게 번져 나갔죠. 중남미를 중심으로 캐나다와 칠레를 제외한 21개 미주 지역에서 전염 사례가 보고됐답니다. 그뿐인가요? 대서양과 태평양을 건너 유럽과 아시아로도 번지고 있어요.

임신부가 지카 바이러스에 감염되면 선천성 뇌 기형인 소두증을 가진 아이를 낳을 수 있어요. 소두증 공포의 진원지인 브라질에서 지카 바이러스 발병이 급증한 원인은 명확하게 밝혀지진 않았지만 2014 브라질 월드컵과 관련이 있다는 가능성이 제기되었지요. 월드컵 때 세계 사람들이 몰려들면서 바이러스가 옮겨 왔을 수도 있다는 거죠.

지카 바이러스 사태는 더 이상 지구 어느 곳이든 전염병에 안전한 곳은 없다는 것을 보여 줍니다. 바이러스가 비행기를 타고 세계 곳곳으로 퍼져 나간다는 뜻이에요. 지카 바이러스는 원래 아프리카, 동남아시아, 동·서부 태평양 주변의 섬에서만 발병하는 병이었어요. 그런데 이제는 황열, 뎅기열을 옮기는 이집트 숲 모기가 있는 곳이면 어디서든 감염이 일어날 수도 있다고 해요. 낙타가 많은 중동 지역에서 발병하던 메르스가 2015년 우리나라에 상륙해, 온 나라가 비상이 걸렸던 것도 이러한 바이러스 확산과 관련된 사례 중 하나이지요.

그뿐 아니라 아프리카 풍토병으로 알려져 있던 에볼라가 2014년 전 세계

바이러스
바이러스
바이
러스
바이러스
바이러스
바이러스
바이러스

를 공포에 떨게 만들었고, 또 중국에서 발병한 조류 독감의 경우 병든 닭이 세계 곳곳으로 수출되면서 바이러스도 함께 수출이 되었답니다.

## 암 정복을 돕는 인공 바이러스

암은 세포의 이상으로 인해 신체 조직에 비정상적으로 자라난 악성 종양이에요. 질병에 의한 사망 원인 중 높은 비율을 차지하죠. 암이 생기는 원인은 중금속, 자외선, 방사선, 면역 체계 이상, 유전적 요인 등등 매우 다양한데, 바이러스도 암을 유발하는 한 원인이랍니다.

특히 후진국에 많은 간암과 위암, 자궁 경부암 등은 비위생적인 환경에서 병원체에 감염되어 발생한다고 해요. 간암에 영향을 미치는 B형 간염 바이러스나 자궁 경부암을 발생시키는 인유두종 바이러스, 그리고 위암에

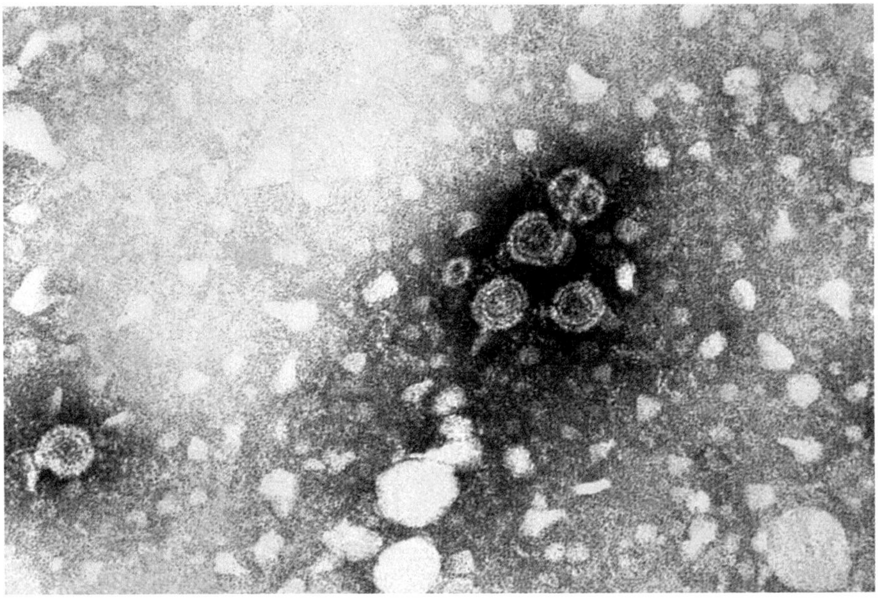

간암에 영향을 미치는 B형 간염 바이러스

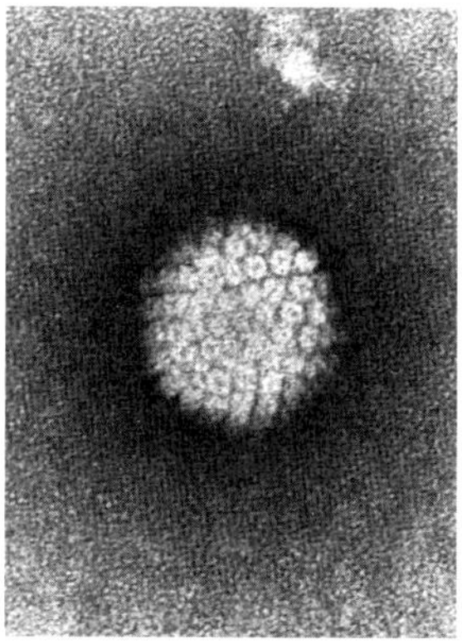

자궁 경부암을 일으키는
인유두종 바이러스

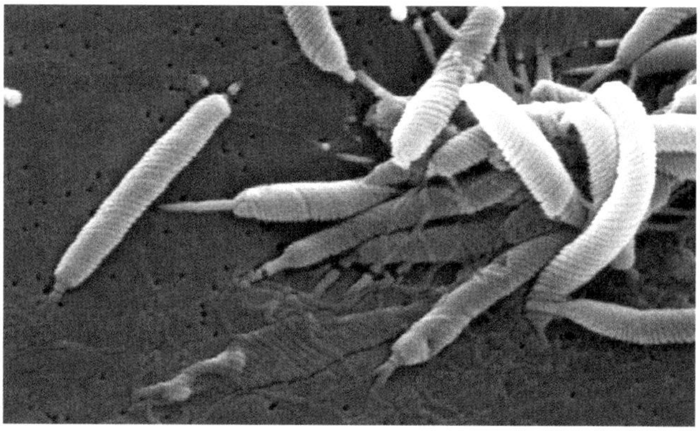

위암의 원인이 되는 헬리코박터균

는 헬리코박터균이 영향을 주는 것으로 밝혀졌답니다.

의학계에서는 최근 세포를 공격해 죽이는 바이러스의 성질을 이용해 바이러스가 암세포만을 공격하게 하는 '종양 용해성 바이러스 요법'이 주목을 받고 있어요. 유전자 조작 기술 발달로 암세포에만 감염되는 바이러스를 인공적으로 만들 수 있게 됐거든요.

이 인공 바이러스는 치료용 유전자나 약물을 갖고 암 환자의 몸속으로 들어가 암세포를 치료해요. 표면에 인체 세포와 결합할 수 있는 물질이 붙어 있어 암세포에 완전히 결합하여 치료제를 전달하게 되죠.

2017년 일본에서는 인공적으로 변형시킨 홍역 바이러스를 이용해 암을 치료하는 방법이 개발됐어요. 도쿄대학 의과학연구소의 가이 에치코 교수 연구팀은 정상 세포는 건드리지 않고 암세포만을 골라 공격하는 홍역 바이러스를 만드는 데에 성공했다고 해요. 쥐 실험을 통해 유방암에 효과가 있다는 사실을 확인했으며, 폐암, 대장암, 췌장암에서도 일부 효과가 확인되었답니다.

## 국제적으로 생각하기

현재 세계의 바이러스 대책 기구로는 세계보건기구와 미국 질병통제예방센터(CDC)가 있어요. 세계보건기구는 국제 연합에서 설립한 보건 위생 분야의 전문 기구로 세계 각국의 방역 기구와 협조하며 지구적인 차원의 전염병 방지책 마련에 나서고 있어요.

미국의 질병통제예방센터는 바이러스와 싸우는 선진국 기관으로 가장 유명하죠. 이 기관은 세계 최대의 인력과 예산을 갖고 '바이러스와의 싸움'에서 최전선을 지키고 있지요. 1946년 말라리아를 퇴치하기 위해 처음 설립됐으며 9,000명이나 되는 인원이 근무하고 있어요.

질병통제예방센터에서는 전염병이 발병하면 신속하게 역학 조사*팀을 파견해요. 사스, 조류 인플루엔자, 원숭이 천연두 같은 새로운 질병이 발생하는 곳이면 세계보건기구와 해당 국가의 요청을 받아 24시간 내에 역학 조사관을 파견하는 것을 목표로 하죠. 질병 발생 현장을 방문해 발병 경로와 발병 실태를 파악한 후 치료법과 예방법을 알려 준답니다. 사스가 발병했을 때에도 질병통제예방센터는 사스를 정확히 진단할 수 있는 진단법을 완성해 세계의 병원과 과학자들에게 배포하기도 했어요. 전염병이 종료된 후에도 다른 나라들과 정보를 공유하며, 예방법과 치료약을 찾기 위한 연구를 계속하고 있지요.

그리고 과거에 발병한 여러 질병의 원인을 현재와 연계하여 찾아내는 일도 맡고 있어요. 1988년에는 2000만 명의 사망자를 낸 1918년의 스페인 독감 바이러스의 정체를 밝혀내기도 했죠.

* **역학 조사** 시간을 거슬러 원인을 찾는 조사 방법

질병통제예방센터는 바이러스와의 전쟁에 나서는 나라의 모델이 돼 중국에서도 '중국질병예방공제센터'를 만들었고 일본에서는 국립전염병연구소 내에 '전염병감시센터'를 신설했어요. 유럽 연합은 범유럽적인 방역 기구인 '유럽질병예방통제센터(ECDC)'를 설립했답니다.

신종 바이러스의 위협으로 지구상 어디든 이제 전염병으로부터 안전한 곳이 없어진 오늘날, 바이러스와의 전쟁은 세계 모든 국가가 함께 힘을 합치지 않으면 안 되게끔 되었지요.

최근 몇 년 동안 바이러스의 대유행은 무엇보다 백신의 생산과 보급에 대한 새로운 인식을 갖게 해 주었답니다.

백신은 주로 일부 선진국에서 개발되고 있어, 상대적으로 개발 도상국의 경우 수입에 의존해야 해요. 따라서 개발 도상국을 대상으로 한 저가형 백신의 공급이 전 세계 보건 관리의 측면에서도 필요하다는 지적이 나오고 있어요. 세계보건기구가 나서면 이익의 문제를 떠나 질병에 대한 각국의 보건 관리 능력을 높일 수 있기 때문이지요.

생명과 건강에 관한 한 세계 모든 국가들이 상업적 이익을 따지기 전에 차별 없는 백신 개발로 공동 대응하는 게 중요해요. 에볼라 바이러스를 예로 들면, 1976년 처음 에볼라 바이러스가 발견된 후 아프리카에서는 2,000명이 넘는 감염자가 발생했어요. 하지만 자국의 일이 아니고 돈이 되지 않는다는 이유로 반세기 동안 어느 나라에서도 백신을 개발하지 않았어요. 그 때문에 2014년 에볼라 바이러스가 다시 창궐하자 전 세계는 공포에 빠지고 말았지요. 반면에 2015년 지카 바이러스 사태가 발생하자 중남미와 국경을 맞댄 미국이 백악관 회의를 소집해 즉각 백신 개발을 추진했다고 해요.

인류와 바이러스와의 전쟁은 현재 진행형이랍니다. 바이러스는 계속 변이 또는 진화하여 앞으로도 끊임없이 새로운 바이러스가 탄생하겠지요. 그러므로 바이러스와 공존할 수 있는 방법을 찾고 이로운 바이러스를 활용하는 것이 중요합니다.